Erhard Brütt

Wilderer zwischen Harz und Heide

Erhard Brütt

Wilderer zwischen Harz und Heide

 **Landbuch**

Umschlag: Ölgemälde von Hannes Liederley
Fotos im Innenteil: Erhard Brütt und Archiv

Landbuch-Verlag GmbH, Hannover, 1989
2. Auflage

Lektorat: Erika Grimpe, Garbsen
Gesamtherstellung: Landbuch-Verlag GmbH, Hannover

ISBN 3 7842 0362 0

Inhalt

Vorwort 7

Einleitung 9

Zur Geschichte der Jagdwilderei 10

Zum Wildern benutzte Waffen und Werkzeuge 20

Die Jagdwilderei vor
und während des 1. Weltkrieges 24
    Eidig, der Wildschütz 1828/36 24
    Das Förstergrab von Amelinghausen 1866 29
    Die Ermordung der Förster Gies
    und Steinsträter 1880 33
    Förster Berthold Mauss wird ermordet 1888 39
    Das Reh vom Thomasholze 1889 42
    Ein teurer Rehbock 1889 48
    Die Hüttenroder Hirschwilderer 1900 51
    Auch im Solling knallt's 1901 54
    Fangt doch die Wilddiebe 1909 57
    Die Frettierer von Sophienthal 1909 58
    Das Wilderernest Benneckenstein 1833/1914 60

Die Bekämpfung der Wilderei
durch Wildhandelskontrolle 67
    Das Reichsjagdgesetz und die
    Wildhandelskontrolle 77

Die Zustände während der Weimarer Republik 80
    Der „Deutsche Landschutz" 1929 80
    Aufruf des Preußischen Landesjagdverbandes 1932 . 82
    Eine unglaubliche Geschichte 84

Selbst die Machthaber des „Dritten Reiches"
sind machtlos 87
    Anweisung des Reg.-Präsidenten Hildesheim 1935 . 87
    Wilderei am Rehkitz
    Das Urteil des Jägerehrengerichts 1936 89
    Bekämpfung des Wildererunwesens 1936 113
    Die DEVA gibt ein Gutachten ab 1937 117

Die Zeit der Besatzungsmächte ab 1945 122
    Jagdschutz ohne Waffen –
    Polizeimeister Stein wird erschossen 122
    Der Kampf um die Freigabe der Jagdwaffen 1947 . . 128
    Keine Besserung trotz Währungsreform 1948 130
    Die Jagdschutzabteilung in Niedersachsen –
    eine Selbsthilfeeinrichtung 1948 132
    Im Harz knallt es weiter 1948 136
    Der lautlose Tod geht um 1949 137
    Der Fall „Rheinmetall" 1949 140

Der junge Staat 141
    Der erste Jagdschutzlehrgang
    nach dem Kriege 1950 141
    Der junge Staat ergreift die Initiative 1951/55 143

Ein besonderes Kapitel – die Kleinkaliberseuche 154

Auf den „freien Wildbretschützen"
wartet das Gefängnis 166

Das „Celler Jagdschutz-Modell" 1969 169

Die Wildmörder vom Saupark Springe 170

Die Wilderei in der Gegenwart 176

Begriffe aus der Weidmannssprache 181

Literatur und Quellenangabe 183

Vorwort

Jahrzehntelange Erfahrungen in einem Leben als Berufsjäger, als Leiter eines Jägerlehrhofes und als Mitarbeiter in der Geschäftsstelle eines Landesjagdverbandes haben Wildmeister Erhard Brütt geprägt. Vielen Jägern, besonders in Niedersachsen, ist er als ein interessanter, vielseitiger und humorvoller Vortragender und Erzähler bekannt.

Ich freue mich darüber, daß er in mühevoller Kleinarbeit authentische Unterlagen über Wildereifälle zwischen Harz und Heide gesammelt hat, und daß er diese in einem Buch einem breiten Leserkreis zur Kenntnis bringen will. Er beschränkt sich jedoch nicht darauf, diese Geschichten aneinanderzureihen, vielmehr stellt er sie in Verbindung zu den jeweiligen Bemühungen, das Wildererunwesen zu bekämpfen und die Übeltäter zu bestrafen.

Einen breiten Raum nimmt die Zeit nach dem zweiten Weltkrieg ein, an die sich viele von uns alten Jägern noch erinnern. Wer kann schon die Zeit vergessen, in der die Reviere beschlagnahmt waren, in der auf Waffenbesitz die Todesstrafe angedroht war und in der wir versuchten, mit Hilfe von Fallgruben, von Palisadenfängen insbesondere der Schwarzwildplage Herr zu werden?

Das Manuskript des Buches von Erhard Brütt habe ich gerne gelesen, weil hier Beispiele harter Auseinandersetzungen zwischen Wilderern und Jägern geschildert werden, die uns daran erinnern, welche Gefahren dem Wild drohen, die wir auch heute nicht unterschätzen dürfen. Sicherlich haben sich die Methoden der Wilderer verändert, und insbesondere die Mobilität führt dazu, daß die Überführung von Wilderern schwieriger geworden ist. Für besonders beachtenswert halte ich aber, daß dieses Buch einen Überblick über die Entwicklung des Jagdrechts gibt und über die Bemühungen von Jagdverbänden und Jägern, die freilebende Tierwelt zu schützen und zu erhalten.

Wir leben in einer Zeit, in der wieder einmal an den Grundpfeilern der Jagd gerüttelt wird. Deshalb kommt es besonders darauf an, daß wir alle gemeinsam – Bauern und Jäger – Waldbesitzer und Förster – die Jagd als einen Teil unseres Eigentums verteidigen, wie es viele Generationen vor uns getan haben. In diesem Sinne wünsche ich dem Buch einen großen Leserkreis und viel Erfolg.

Rittergut Welsede   Detlev Frhr. v. Stietencron
                                              Präsident
                                   der Landesjägerschaft
                                        Niedersachsen

Einleitung

Funde aus der frühen Altsteinzeit weisen darauf hin, daß ein Teil der Menschen damals Sammler und Jäger war. Als man viel später begann, für „Recht und Ordnung" zu sorgen, das menschliche Dasein durch Gesetze zu regeln und den Begriff Eigentum erfand, konnte der Mensch plötzlich „fremdes Jagdrecht verletzen". Der Wilderer trat auf und ist bis heute nicht ausgestorben. Viele Geschichten ranken sich um den Wilderer. Häufig sind es künstlich dramatisierte, spannend geschriebene Schilderungen aus dem heroischen Leben der Wildschützen, die nicht selten als Helden der Heiden oder der Berge dargestellt werden. Sie bleiben aber – der Leser wird es sehr schnell merken – Verbrecher, die oftmals nicht vor Mord und Totschlag zurückschrecken.

Die Schilderung der Geschichte der Wilderei zwischen Harz und Heide beschränkt sich deshalb bewußt auf eine rein sachliche Berichterstattung, deren Grundlage exaktes Materialstudium und genaue Nachforschungen, auch vor Ort, waren. Um der jeweiligen Zeit gerecht zu werden, sind die Berichte und Schilderungen in Schreib- und Sprachstil dem Zeitabschnitt angepaßt. Das erleichtert es dem Leser, die Mentalität der Förster, Polizisten, Wilderer und Richter von früher zu verstehen.

Bei der Fülle des zu sichtenden Materials konnten natürlich nicht alle Fälle gewürdigt werden. Es ist auch bewußt auf die Wiedergabe von Fällen verzichtet worden, die starke politische Tendenzen aufwiesen. Soweit Begriffe aus der Weidmannssprache unverzichtbar waren, wurden sie benutzt und am Schluß des Buches erläutert.

Hannover, 1987   Erhard Brütt
                                                 Wildmeister

Zur Geschichte der Jagdwilderei

Die ursprüngliche Form der Jagdausübung gründete sich auf das Recht des freien Tierfanges. Das Wild galt als eine Sache, die niemand gehörte oder jedem, der sie sich aneignen wollte. „Es handelt sich nicht um eine Sache, die im Besitz jemandes steht, sondern es handelt sich um die Jagd", sagt die Lex Ribuaria über den Wilddiebstahl. Dem Jäger gehörte die Beute, solange er die Nachsuche, die Wildfolge, nicht aufgab.

„Wenn ein Hirsch oder ein Wild von einem Manne mit dem Pfeil getroffen worden ist, dann soll gelten, daß es solange demjenigen gehört, der es mit dem Pfeil geschossen oder verwundet hat, bis zu der nächsten gleichen Stunde des Tages oder der Nacht, also 24 Stunden von da an, wo er ihm nachsetzte und sich von ihm abwandte. Wer das Wild findet, nachdem diese vorgeschriebenen Stunden abgelaufen sind, soll nicht schuldig sein, sondern ihm soll das Wild gehören", verfügt König Rotharis für die Langobarden.

Schonzeiten kannte man in den Jahrhunderten vor Karl dem Großen noch nicht. Die Jagd wurde das ganze Jahr über ausgeübt, vornehmlich in den Zeiten, in denen das Wild besonders leicht zu erlegen war. Trächtige Hirschkühe fielen der Jagd ebenso zum Opfer wie Rehmütter, die noch Kitze führten. Die Jagd diente der Nahrungsbeschaffung und entbehrte jeder Ethik. Wüstes, hemmungsloses Jagen war das Zeichen der Zeit, in der die Sage vom „Wilden Jäger" entstand. Einer dieser Zeitgenossen war der braunschweigische Oberhofjägermeister Hans Hackenberg. WILDUNGEN sagt 1816: „Hans Hackenberg ist, wie zu Wolfenbüttel noch bekannt sein soll, im Jahre 1521 geboren und 1581, wie der Leichenstein zeiget, gestorben. Als einer der leidenschaftlichsten Jäger, die je gelebt haben, durchstreifte er rastlos die Wälder mit einem Heere von Jägern und Hunden. Als er einst auf einem seiner Jagdzüge zu Harzburg übernachtete, träumte er, daß ein grimmiges Hauptschwein ihn überwältigt und tödlich verwundet habe. Doch schreckte ihn dies nicht ab – mit Anbruch des Tages zieht er wieder zu Holze. Der im Traum gesehene borstige Feind erscheint wirklich, aber glücklich erlegt er ihn nach langem, hartnäckigem Kampfe. Stolzer als jemals über diesen Sieg, tritt er dem zu Boden gestreckten Keiler auf den Kopf, ‚Hau nun, wenn du noch kannst‘, ruft er hohnlächelnd, doch da verwundet der Eber den triumphierenden Spötter am Fuße. Der ihm unbedeutend erscheinenden Verletzung nicht achtend, jagt er weiter, bis die Sterne am Himmel stehen. Hierdurch aber verschlimmert sich die Wunde in dem Grade, daß er seine Heimat nicht mehr erreichen kann, sondern zu Wülperode stirbt, wo er denn auch unter dem abgebildeten Steine, der ihn in voller Jagdausrüstung auf seinem Maultiere zu Holze ziehend darstellt, begraben liegt. Kurz vor seinem Verenden soll er dem Seelsorger gesagt haben: ‚Was Gott im Himmel mir zugedacht hat, will ich, wenn ich nur jagen darf, gern einem anderen überlassen!‘ Und deswegen ist er zur gerechten Strafe verdammet worden, ewig in den Lüften zu jagen.“

Jagdleidenschaft und Erstarken der Königsmacht führten bald dazu, daß das altgermanische Recht der freien Jagd mehr und mehr zurückgedrängt und zu einem Vorrecht der Herrschenden, Kirchen und Besitzenden wurde.

Mit den Karolingern beginnt die eigentliche Geschichte des Jagdrechts und des Jagdwesens. Karl der Große war einer der leidenschaftlichsten Jäger, von denen die Geschichte weiß. Jägerei und Weidwerk wurden festen Gesetzen unterworfen, die Leitung des Jagdbetriebes unterstand seiner und der Königin Aufsicht. Eine der Maßnahmen Karls des Großen, die die Geschichte des Bodens und der Jagd entscheidend beeinflußt hat, war die Errichtung der BANN-FORSTE. Das waren weite, herrenlose Gebiete, die weder von einem Einzelnen noch einer Markgenossenschaft in Besitz genommen worden waren. Diese Gebiete waren Königsgut und zu Bannforsten erklärt, standen also außerhalb des allgemeinen Nutzungsrechts. In einem darauf bezüglichen Gesetz stand:

„Es wage niemand, aus unseren Forsten Wild zu stehlen, was wir schon mehrfach untersagt haben. Wenn aber ein Graf oder ein Centenar oder einer unserer Vasallen oder Ministerialen unser Wild stehlen sollte, der werde von uns selbst zur Verantwortung gezogen. Vom übrigen Volke aber büßt der, der einen Wilddiebstahl begangen hat, überall nach dem was Recht ist, und kein Minderungsgrund soll in dem Falle gelten. Es wage auch niemand, der von anderen eine solche Übertretung in Erfahrung gebracht hat, bei der uns schuldigen Treue solches zu verheimlichen". Die Bannforsten Karls des Großen sind die Vorläufer der Reichsforsten und Staatsforsten der Länder.

Das Jagdregal, also die Gesamtheit der Hoheitsrechte über die Jagd, nahm seinen Anfang durch die Errichtung der Bannforste. Im Laufe der Zeit ging durch die Verschiebung der Machtverhältnisse neben anderen Hoheitsrechten auch das Jagdregal auf die Landesherren über, die dann ihrerseits gezwungen waren, den Grundherren, den Mitgliedern der Stände, den Klöstern und den Städten jagdliche Zugeständnisse zu machen. Dieses Jagdregal blieb für die Fürsten und Stände bis zum Jahre 1848 in Kraft.

Eine große Geißel der Jagdreviere war das Wildererunwesen, von dessen Ausgeprägtheit und Dreistigkeit wir uns heute nur schwerlich eine Vorstellung machen können. Die Reviere waren riesengroß, das Land dünn besiedelt. Die

Aufsicht und der Jagdschutz mußten unvollständig bleiben. Das Risiko der Wilderer, ertappt zu werden, war sehr gering. Der Wildschaden in Getreide und Hackfrüchten wurde den geschädigten Bauern nicht ersetzt, die steuerlichen Abgaben wurden jedoch notfalls zwangsweise beigetrieben. Weil dadurch viele Bauern in große Not gerieten, rächte man sich an den Jagdherren durch Wilderei.

Vom 16. Jahrhundert an folgte ein Schongesetz dem anderen, Verordnungen gegen die Wilddieberei gab es in Mengen. Die Gründe dafür liegen in dem Aufkommen und der Entwicklung der Feuerwaffen, die den Wilderern bessere Chancen beim Erlegen des Wildes boten. Wilderei war zur „Notwehr" geworden. Die zur Abschreckung verschärften Strafandrohungen wurden kaum beachtet. Interessant ist die in der nachfolgend wiedergegebenen Deklaration von Georg dem Dritten bekanntgemachte Feststellung, daß die Wilddiebe ihr Tun auf die Sonn- und Festtage verlegten, weil dann die Forst- und Jagdschutzbeamten „sich zur Kirche hielten".

„1783. d. d. 9. August, Declaration und Erweiterung der gegen die Wilddiebe den 22. Jan. 1773 emanierten Verordnung:

GEORG der DRITTE, von Gottes Gnaden Koenig von Groß-Britannien, Franckreich und Irrland, Beschützer des Glaubens, Herzog zu Braunschweig und Lüneburg, des Heil. Röm. Reichs Ertz-Schatzmeister und Churfuerst, ec.

Es ist Uns vorgetragen worden, daß, ob man wohl gehoffet, durch die, gegen die Wilddieberey den 22sten Januarii 1773 ausgelassene Verordnung denen Wilddiebereyen und Verstoehrungen Unserer Wildbahne und Gehaege, wie auch der Jagd-Revieren Unserer mit der Jagd berechtigten Vasallen und Landsassen, hinlaenglich Einhalt zu thun, dennoch sich Wildstoehrer finden lassen welche durch ihr frevelhaftes Unternehmen denen Wildbahnen und Jagd-Revieren betraechtlichen Schaden zufuegen; Und als Wir dahero noethig befunden, die obangezogene Verordnung, in denen Faellen, so in derselben nicht ausdruecklich angefuehret und verpoenet sind, zu extendiren, und in solchen Faellen, wo die Mißbraeuche, und Contraventiones ueberhand nehmen, zu schaerfen; So setzen und ordnen Wir hiemit, daß

1) diejenigen, die sich unterfangen, in denen Wildbahnen oder Jagd-Revieren die Nester des wilden Gefluegels, als der Feld- und Birckhuehner, Phasanen ec. zu stoehren, und die Eyer, oder junge Brut auszunehmen, das erstemahl mit 2 Rthlr. Geld-Buße, und, wenn sie solche zu bezahlen nicht vermögen, mit einer verhaeltnismaeßigen Gefaengnisstrafe, beleget; im Wiederholungsfall aber mit einer haerteren Leibes-Strafe angesehen, und, dem Befinden nach, mit der Karre bestrafet werden soll.

2) Damit auch die Jagd- und Forstbedienten, welchen die Aufsicht über die Wildbahn und Jagd-Reviere oblieget, desto mehr ermuntert werden moegen, auf die Conservation ihrer Jagd-Districte zu achten, so wollen Wir, daß dieselben zwar die denen unbefugten Jaegern und Wilddieben abgenommene Schießgewehre, desgleichen die bey sich führende Hunde, oder sonstiges Jagd-Geraethe, der Obrigkeit jeden Ortes abzuliefern schuldig seyn sollen; Diese aber werden hiermit angewiesen, die abgenommenen Gewehre, Jagd-Hund, auch sonstiges Jagd-Geraethe, wenn sonst keine Zweifel wegen der etwanigen Jagd-Befugnisse dabey vorkommen, dem oder denenjenigen, welche den Unbefugten Jaeger oder Wilddieb betroffen haben, zuzuerkennen und verabfolgen zu lassen. Es bleibt jedoch in Ansehung bekannter, mit Guetern Angesessenen, oder in Unsern oder des Landes Diensten stehenden Personen, welche als unbefugte Jaeger betroffen werden moegten, bei der Vorschrift des 21sten Artikels der voran-

gezogenen Verordnung, daß selbige mit Abfordern und Abnehmung des Schießgewehres verschonet werden sollen.

3) Nachdem auch bemerket worden, daß die Wilddiebe die Gelegenheit wahrnehmen, an Sonn- und Fest-Tagen, wenn die Jagd- und Forst-Bediente sich zur Kirche halten, und die Jagd-Districte nicht begehen, die Wildbahnen desto haeufiger zu betreten, und Wilddieberey darin zu verüben; So erachten Wir zur Steurung dieses Frevels für noethig, die gegen die Wilddiebe ausgelassene Verordnung dahin zu schaerfen, daß die Wilddiebe, so an Sonn- und Fest-Tagen betroffen werden, mit einer geschaerften Strafe, und dem Befinden nach, mit Verdoppelung der in der Verordnung gegen die Wilddiebe auf jeden Fall bestimmten Strafe angesehen werden sollen.

Wir befehlen demnach alle Obrigkeiten Unserer Teutschen Lande ueber diese Declaration Unserer gegen die Wilddiebe den 22sten Januarii 1773 erlessenen Verordnung genau zu achten, und in vorkommenden Faellen darnach zu erkennen; Wie denn auch diese Unsere Declaration an gehoerigen Orten publiciret und angeschlagen werden soll.

Gegeben Hannover den 9ten August 1783
Ad Mandatum Regis & Electoris speciale.

D. A. von Wenckstern. von dem Bussche. von Kielmannsegge. von Beulwitz."

Die bekannte KOBURGER JAGDORDNUNG von 1810 befaßt sich recht ausführlich mit der Wilderei. So heißt es u. a.:

„Um der leider allerwärts überhand nehmenden Wilddiebereien Schranken zu setzen, werden in den herzoglichen Landen im Einverständnisse mit den benachbarten Souveräns folgende Einrichtungen getroffen:

a) Bei Wahrnehmung von Wilddieben sollen in folge schleunigster Anzeige von Seiten der Jagdbedienten bei den betreffenden Beamten, mit Zuziehung der nächstgelegenen Ortschaften, überall im Geheim, Streifzüge veranstaltet, alle allein liegenden Gehöfte, Häuser und Mühlen unversehens visitirt und daselbst betroffene verdächtige Personen zur Haft gebracht werden.

b) Weißgerber und Lederhändler sollen – bei Verlust ihres Gewerbes und 50 Thaler Strafe – rohe und unbearbeitete Wildhäute nur von Personen kaufen, die sich über den rechtlichen Erwerb derselben durch glaubwürdige Zeugnisse ausweisen, im Gegenfalle der Obrigkeit unverzüglich Anzeige machen, von dieser aber die unlegitimierten Verkäufer verhaftet werden.

c) Weder in der Stadt noch auf dem Lande soll von irgend Jemandem Wildbret, ohne Vorzeigung eines Legitimationsscheines, gekauft, im Ermangelungsfalle desselben der verdächtige Verkäufer der Obrigkeit angezeiget werden. Im Zuwiderhandlungsfalle wird der verdächtige Wildbretskäufer in Untersuchung gezogen und der Wilddiebshehlerei überwiesen, nach Befinden mit Geld- oder Zuchthausstrafe belegt.

d) Allen Unterthanen wird zur Pflicht gemacht, der Wilddieberei verdächtigte Personen den herzoglichen Beamten und Jagdbedienten anzuzeigen, in welchem Falle der Anzeiger, nebst Verschweigung des Namens, eine ansehnliche Belohnung zu erwarten hat. Wird Denunciat der Wilddieberei überwiesen, so besteht die Belohnung des Denuncianten in 2–4 Dukaten.

e) Gegen zur Haft gebrachte, der Wilddieberei angeschuldigte oder verdächtige Personen soll strengste Untersuchung nach den Kriminalgesetzen statt finden. Werden sie derselben überführt, so steht folgende Geldstrafbestimmung fest:

Für einen Hirsch oder Spießer	500 Fl.
Für ein Thier	400 Fl.
Für ein Wildkalb	200 Fl.
Für ein Reh	200 Fl.
Für einen Keiler	500 Fl.
Für eine Bache	400 Fl.
Für einen Frischling	200 Fl.
Für einen Auer- oder Birkhahn	200 Fl.
Für einen Hasen	50 Fl.
Für ein Hasel- oder Rebhuhn	30 Fl.

Wilderer, die sich dem Jäger widersetzt, oder gar nach ihm geschossen haben, oder mehrmals der Wilddieberei sich schuldig gemacht, unterliegen, außer der Geldbuße, empfindlicher Leibesstrafe.

f) Die angestellten Jäger sind, wenn sie einen oder mehrere Wildschützen in der Wildbahn betreffen, und wenn diese sich zur Gegenwehr setzen oder die Flucht ergreifen, befugt, auf selbige Feuer zu geben."

Die Währungsbezeichnung Fl. bedeutet Florin = Gulden.

Die Nationalversammlung zu Frankfurt a. M. nahm auf ihrer 91. Sitzung am 5. Oktober 1848 bei dem Artikel der Grundrechte der deutschen Nation folgendes Gesetz an:

„Die Jagdgerechtigkeit auf fremdem Grund und Boden, Jagddienst, Jagdfronen und andere Leistungen für Jagdzwecke sind ohne Entschädigung aufgehoben. Jedem steht das Jagdrecht auf eigenem Grund und Boden zu."

Hiermit war endgültig das Jagdregal der Fürsten und des Adels beendet. In Preußen folgte am 31. Oktober 1848 ein Gesetz über die Aufhebung des Jagdrechts auf fremdem Grund und Boden und die Ausübung der Jagd. Es heißt unter anderem:

„Jedes Jagdrecht auf fremdem Grund und Boden ist ohne Entschädigung aufgehoben. Die bisherigen Abgaben und Gegenleistungen fallen weg.
Die Jagd steht jedem Grundbesitzer auf seinem Grund und Boden zu.
Alle schwebenden Untersuchungen über Jagdkontraventionen sind aufgehoben.
Alle diesem Gesetz entgegenstehenden Bestimmungen, desgleichen die jagdpolizeilichen Vorschriften über Schon-, Satz- und Hegezeit des Wildes werden hiermit aufgehoben."

Mit dem Inkrafttreten dieses Gesetzes wurde der Wilddiebstahl, also die Jagdwilderei, nach dem allgemeinen Strafgesetz bestraft.

In „Ansehung der abgeschafften Jagdgerechtigkeit" waren alle Jagdpachtverträge aufgelöst, es begann das absolute jagdliche Chaos. Die vielen kleinen Jagdbezirke, die allenthalben entstanden waren, bei jedem und durch jeden, der auch nur ein Fitzelchen Land sein Eigen nannte, wurden täglich begangen und bejagt, so daß das Wild jetzt nicht mehr zur Ruhe kam. In einer Forst- und Jagdzeitung aus dem Jahre 1849 heißt es u. a.:

„Wie nur der Schnee geschmolzen ist, stürmt Hans und Kunz, Säckler und Bürstenbinder mit ihren Stöbern auf die Felder hinaus . . . und überall zugleich beginnt die lustige Frühlingskanonade: Dort stürzt eine Krähe, hier hat eine Lerche zum letzten Mal gejubelt, da zappelt eine Bachstelze . . . Ein anderer macht sich den Spaß, eine volle Häsin halbtot zu hetzen, Bürstenbinders Comtesse bringt ein halbzerrissenes Häschen von zu frühem Satz triumphierend ihrem überseeligen Herrn, Säcklers Caro heult furchtbar unter den Streichen einer neuen Peitsche und unter den Sporen neumodischer Korallen, weil er nach seiner Schoßhund- und Pudeldressur im Zimmer durchaus nicht begreifen will, was er bei Hühnern und Hasen im Felde soll, und wenn er an der Leine sucht, aus purer Angst seinem Herrn Steine apportiert . . ."

Wer wollte da noch zwischen „berechtigtem Jäger" und Wilderer unterscheiden!

Schon 1850 bestimmte Preußen eine Mindestgröße für Jagdbezirke von 75 Hektar, Bayern zog nach mit einer Flächengröße von 81,8 Hektar, Württemberg verlangte 15,7 Hektar, Oldenburg schrieb keine Beschränkung vor. Die Folge war, daß z. B. in Preußen 96 % aller landwirtschaftlichen Betriebe unter der Mindestgröße lagen und somit gemeinschaftlich verpachtet werden mußten. Fremde Herren kamen in die Reviere, natürlich nur gelegentlich, so daß der Jagdschutz wiederum im argen lag. Das war ein Teufelskreis!

In dieser Zeit schlossen sich die Jäger zusammen und gründeten Jagdschutz- und -hegevereine. Der wichtigste war der 1875 in Dresden gegründete „Allgemeine Deutsche Jagdschutzverein", der 1935 im „Reichsbund Deutsche Jägerschaft" aufging. Das Reichs- und das ihm 1952 folgende Bundesjagdgesetz widmeten und widmen der Jagdwilderei entsprechende Passagen als wesentlichen Teil des Jagdschutzes. Die jagdpolizeilichen Vorschriften wurden mit Einführung des Reichs-Strafgesetzbuches durch entsprechende Paragraphen aufgehoben, die die einfache, schwere, gewerbs- und gewohnheitsmäßige Wilderei behandeln.

Zum Wildern
benutzte Waffen und Werkzeuge

Die Kriminalstatistiken des Bundes und der Länder lassen fast übereinstimmend erkennen, daß etwa die Hälfte aller erfaßten Wildereidelikte unter Verwendung von Schußwaffen begangen wurde. Mit ca. 90 % sind daran Kleinkaliber- und Luftdruckwaffen beteiligt. Auf die restlichen 10 % entfallen (sehr laute!) Jagdwaffen wie Büchse und Flinte sowie Revolver und Pistolen. Aus Büchsen werden Geschosse verschiedener Konstruktionen, aus Flinten Schrotkörner verschossen. Büchsen sind zum Schießen von Wild auf weitere Entfernungen gedacht, meistens unter Zuhilfenahme eines Zielfernrohres. Mit Schrotflinten werden auf kürzere Entfernungen, bis ca. 35 m, meistens bewegliche Ziele wie Hasen, Fasanen, Rebhühner oder Enten im Fluge geschossen. Um das Ziel wirkungsvoll zu treffen, werden aus einer Flinte Schrotpatronen verschossen. Die Schrotgarbe soll das bewegliche Ziel erfassen. Nach über 35 m ist die Schrotgarben-Streuung bereits so groß, daß die Tötung des Wildes unwahrscheinlich bis unmöglich wird. Nur wenige Schrotkörner treffen auf den Wildkörper. Das Tier ist verletzt und stirbt einen grausamen Tod nach mehr oder weniger langem Siechtum. Übliche Weitschüsse durch Wilderer sind also besonders verwerflich. Sie kommen jedoch häufig vor, weil der Wilderer „Beute um jeden Preis" machen will. Und was krank ist, wird nicht nachgesucht. Das Risiko, entdeckt zu werden, geht ein Wilderer nur sehr selten ein. Hier findet sich die klassische Kombination von Wilderei und Tierquälerei wieder.

Nicht selten werden die von den Wilderern benutzten Waffen mit Schalldämpfer, Gewehrscheinwerfer oder Nachtsichtgeräten ausgerüstet, was selbstverständlich verboten und auch strafmaßverschärfend ist. Die durch ihre längliche Bauart an sich schon beim Tragen auffälligen Waffen werden verbotenerweise abgeändert, verkürzt oder sogar zum schnellen Zerlegen umgearbeitet, so daß sie kaum oder gar nicht sichtbar unter dem Rock oder Mantel getragen werden können. Als Beerensammler ausgerüstet, sind die Wilderer dann selbst von erfahrenen Jagdschutzbeamten nur schwer zu erkennen, von Revierinhabern, die nur gelegentlich im Revier weilen, sicher gar nicht.

Es kann und darf nicht Sinn dieses Buches sein, Bauanleitungen für Wildererwaffen zu liefern. Die jedoch in „Fachkreisen" bereits allseits bekannten Waffen sollen den Lesern nicht vorenthalten werden. Die Abbildung 1 zeigt, wie ein Wilderer eine in zwei Teile zerlegte Waffe unter dem Lodenrock trägt. Da eine solche Waffe (Militärkarabiner) nach dem Zusammensetzen nicht mehr die zum Gebrauch erforderliche Sicherheit bietet, gefährdet sie im höchsten Maße auch den Schützen selbst.

Ein besonders grausames Kapitel ist die Wilderei durch Schlingensteller. An Zäunen, Durchlässen, kleinen Bäumen, vor Wildtierbauten usw. werden aus Draht, Pferdehaar, Angelschnüren und dgl. mehr oder weniger kunstvoll gefertigte Schlingen gestellt, in denen Wild erdrosselt wird. Schlingensteller sind gerissen und kaltblütig, sie gehen das ganze Jahr über ihrem Tun nach, ohne Rücksicht auf Schonzeiten, Mutterwild oder Jungtiere zu nehmen. Oftmals aber fängt sich das arme Tier nicht über Kopf am Hals, sondern mit einem Lauf, dem Gehörn oder Teilen des Kopfes. Die derart gefangenen Tiere versuchen, sich mit aller Gewalt zu befreien. Sie ziehen dabei jedoch die Schlinge immer enger zu. Der Todeskampf kann viele Tage und Nächte dauern. Oftmals werden Schlingen überhaupt nicht mehr vom Wilderer kontrolliert, weil ihm etwas dazwischen gekommen ist oder er sich entdeckt fühlt.

Die Erfolgsaussichten eines routinierten Schlingenstellers sind größer als beim Wildern mit der Schußwaffe. Zumeist stellt er die mörderischen Drähte an und auf Wildwechseln. Bei seiner Arbeit fällt kein verräterischer Schuß, und seine Kontrollen richtet er nach der für ihn günstigsten Lage. Dabei ist er der „harmlose" Pilz- und Beerensammler, ein Wanderer, Waldfreund oder gar der Mondanbeter, so daß er seine Anwesenheit im Walde stets zu rechtfertigen weiß.

Mit speziellen Stellhölzern oder Hängseln vermag er schon von weitem zu erkennen, ob etwas in der Schlinge hängt oder nicht. Wird er plötzlich überrascht, hat er das arme Stück gerade „gefunden". Ein weiterer Vorteil für diesen lautlosen Wilderer ist die Möglichkeit, an mehreren, ja vielen Stellen im Revier gleichzeitig zu arbeiten. Und selbst mit dem Fahrrad lassen sich im Vorbeifahren die Würgedrähte kontrollieren. So ist es auch zu erklären, daß Schlingensteller schwerer zu fassen sind als alle anderen Typen. In Ackerfurchen gelegte Schlingen für Rebhühner oder Singvögel sind vom Jagdschutzbeamten nur durch Zufall zu entdecken. Auch hier bleibt ein großes Dunkelfeld.

Fallen aller Arten dürfen von zur Jagd Befugten nur dann verwendet werden, wenn sie sofort töten oder das Wild unversehrt fangen. Mit Fallen arbeitende Wilderer kümmern sich darum grundsätzlich nicht.

Das mörderische Tellereisen, das den gefangenen Tieren beim Zuschlagen die Vorderläufe zertrümmert, ist bereits seit 1935 verboten. Trotzdem ist es heute noch in vielen Geschäften zu kaufen. Die darin gefangenen Tiere hängen oftmals tagelang mit zerschmetterten Gliedmaßen zwischen den Eisenbügeln, ehe sie vom Wilderer herausgenommen werden. Da die Tiere nur gefangen, nicht aber tot sind, schleppen sie sich mit den Fallen oftmals bis in die mehr oder weniger weit entfernte Deckung und sind somit nicht ohne weiteres vom Wilderer aufzufinden. Eine große Nachsuche scheidet auch hier wegen der Gefahr aus, entdeckt zu werden. Welche Qualen solche Tiere in den Fallen erleiden, läßt sich nicht beschreiben. Wer einmal den erbärmlichen Zustand eines in einem Tellereisen sitzenden Hasen gesehen hat, wird den Anblick nie vergessen. Schlingensteller und Tellereisenleger sind Typen, denen jedes Mitleid mit der gequälten Kreatur fehlt, die nur des nackten Profits wegen wildern und zu den erbärmlichsten Schurken gezählt werden müssen.

Aus der Kriminalstatistik der Bundesländer geht klar hervor, daß Kraftfahrzeuge zu einem wesentlichen „Werkzeug" für Wilderer geworden sind. Über 50 % aller bekanntgewordenen Fälle von Jagdwilderei sind mit dem Kraftfahrzeug ausgeführt worden. Da es ein schnelles Bergungs- und Transportmittel ist, dürfte seine Bedeutung für die Wilderei weiterhin zunehmen.

Die Jagdwilderei vor und während des 1. Weltkrieges

Eidig der Wildschütz

Noch um die Jahrhundertwende sah man in der damaligen Provinz Hannover, im Lauenburgischen und andernorts auf Pfeifenköpfen besonders bei Landleuten das Brustbild eines weithin berüchtigten Wilderers, der in den Jahren 1828 bis 1836 dort sein Gewerbe trieb und dessen Taten viel von sich reden machten, so daß manche Züge seines abenteuerlichen Lebens im Volksmunde nachkommenden Geschlechtern aufbewahrt wurden, ähnlich dem bayerischen Wilderer Hiesel.

Im Volk hieß er „Eidig der Wildschütz". So war es unter seinem Bilde auf den Pfeifenköpfen zu lesen. Er stand im Ruf, daß er, abgesehen von seinem Gewerbe als Wilderer, das beim Volke damals nicht anrüchig war und von ihm anfänglich wohl mehr aus Passion für die Jagd betrieben wurde, ein gutmütiger, gefälliger Mensch sei, der nur wilderte, sonst nicht stahl oder raubte. Dabei imponierte er durch seine Unerschrockenheit, die ihn selbst in mißlichen Lagen seines Lebens nicht verließ. Dabei wahrte er immer eine gewisse Anständigkeit, die ihn von vornherein zum Anführer seiner Gefährten erhob. Diese Gefährten achtete er übrigens wenig und mißbrauchte sie zu seinen Zwecken. So kam es, daß, wenn ein anderer Wilderer einmal bei einem Jagdzuge mit dem „Großen Eidig" zugelassen wurde, es diesem zu besonderer Ehre gereichte.

Die damalige Verherrlichung Eidigs darf nicht darüber hinwegtäuschen, daß es sich auch bei diesem Wilderer um einen gefährlichen Verbrecher handelte. Christoph Eidig, Sohn des hannoverschen Unterförsters und Holzvoigts Eidig zu Steinbeck im Amt Soltau, wurde 1804 geboren. Mit seinem 15. Lebensjahr trat er bei dem Reitenden Förster (das war ein offizieller Dienstgrad!) Sechel zu Stelle bei Harburg als Forstlehrling ein, zeichnete sich durch besondere Körpergewandtheit und gutes Schießen mit der Büchse aus und lenkte die Aufmerksamkeit des damaligen Forstmeisters von Meding zu Borstel bei Winsen/Luhe derart auf sich, daß er bei ihm mit dem 18. Jahr als Jäger eintrat. Leider zeigte sich bei ihm aber bald eine verhängnisvolle Neigung zur Wilderei, die schließlich dahin führte, daß ihm die bereits eröffneten Aussichten auf eine Anstellung im Staatsdienst wieder entzogen wurden.

Im Jahre 1824 trat er als Soldat bei dem in Lüneburg garnisonierenden Infanterieregiment Nr. 4 „Waterloo" ein. Nach einer zweijährigen Dienstzeit wurde er entlassen und diente einstweilen wieder als Jäger in Privatdiensten, wobei er sich verschiedene Jagden pachtweise zu verschaffen wußte.

Nach ein paar Jahren war er ganz ohne Dienst und lebte nur noch allein von der Wilderei, die er jetzt in großartigster Weise betrieb. Allerdings lohnte damals dieses „Gewerbe" besser, denn Eidig lebte so gut davon, daß er noch Ersparnisse machte. Taktisch war er klug. Er wilderte nie länger als notwendig an einem Orte, um den Verfolgungen leichter zu entgehen. Das gelang ihm, weil die Bauern es meist mit ihm hielten, ihn warnten, wenn es Zeit war; ihn versteckten, wenn er gesucht wurde und ihm auch bei der Flucht vor seinen Verfolgern in jeder Weise behilflich waren. Trotzdem wurde er gelegentlich gefaßt und bestraft, vornehmlich bei seinen Streifzügen durch die Wildgehege Hannovers.

Als es ihm hier zu brenzlig wurde, verlegte er seine Tätigkeit in das benachbarte Mecklenburgische und besonders

Lauenburgische, zumal letzteres damals dänische Provinz war. Meistens jagte Eidig allein, nur selten in Gesellschaft anderer Wilderer, die er gelegentlich nur gebrauchte, um die Gefahr von sich abzulenken. Sie wurden festgenommen, während er entwischte. Als Waffe führte er gewöhnlich eine kurze Doppelbüchse (damals gab es nur Vorderlader), mit der er sehr sicher schoß. Er hatte aber, damit er auch für die niedere Jagd (Federwild und Hasen) jeden Augenblick ausgerüstet war, ein zweites Paar Läufe für den Schrotschuß bei sich, um sie mit den Büchsenläufen (Kugelschuß) notfalls austauschen zu können.

Seine Kühnheit, wie könnte es damals anders gewesen sein, gab zu den großartigsten Erzählungen Anlaß. Das Volk hielt ihn für einen Zauberer, was Eidig für seine Zwecke vortrefflich auszubeuten wußte. Schließlich brachte er es soweit, daß von der Lauenburgischen Regierung ein hoher Preis auf seine Ergreifung ausgesetzt wurde. Hundert Taler sollte erhalten, wer ihn tot, dagegen 150 Taler, wer ihn lebendig lieferte. Trotz dieses Preises trieb Eidig sein Gewerbe weiter, ohne ergriffen zu werden, obwohl verschiedentlich auch Militär eingesetzt wurde. Doch niemand konnte ihn fangen.

Des wüsten Lebens müde und vielleicht auch erwägend, daß er nicht mehr lange den Händen seiner Verfolger werde entrinnen können, sandte er 1835 ein Schreiben an die Lauenburgische Regierung, worin er versprach, nach Amerika auszuwandern, wenn man ihm das Reisegeld gebe und ihm sicheres Geleit verspreche. Es ist kaum zu glauben, aber auf diese Bitte ging die Regierung ein! Eidig meldete sich in Altona/Elbe, erhielt dort 200 Taler Reisegeld und bestieg ein zur Abfahrt bereitliegendes Hamburger Schiff, das ihn nach New York führte.

Obgleich er anfänglich die Absicht haben mochte, im fernen Westen der Vereinigten Staaten sich ganz der Jagd zu widmen, setzte er doch seiner Jagdlust ein Ende und trat in eine Fabrik als Arbeiter ein. Dort brachte er es bis zum Aufseher und verdiente gutes Geld. Lange jedoch sollte er sich dieses geregelten Lebens nicht erfreuen, denn schon nach vier Jahren, um das Jahr 1840, wurde er meuchlings durch das Messer eines Mörders getötet.

Der bisher geschilderte Hergang geht auf Aussagen seines Bruders und einer Schwester Eidigs zurück, die sie 1872 gemacht haben. Auch wurden amtliche Schriftstücke eingesehen, 1875 kam in der Bevölkerung die Behauptung auf, Eidig wäre mit dem Gelde in Hamburg geblieben und hätte sich dort als Wildhändler niedergetan. Das kann aufgrund des vorher Gesagten nicht stimmen.

Zur Person dieses gefürchteten und geächteten Wilderers muß noch gesagt werden, daß er nie einen Forst- oder Jagdbeamten verwundet oder gar getötet hat, wie es viele andere vor und nach ihm getan haben. Obgleich er unaufhörlich verfolgt wurde, wußte er sich stets mit unverkennbar großer Schlauheit und Kühnheit durch Flucht zu retten. Er wurde übrigens von allen, die ihn kannten, als ein gutmütiger Mensch geschildert, der nur seiner Leidenschaft zum Opfer fiel. Gleichwohl bleibt er ein Verbrecher.

Eine Eidig einigermaßen charakterisierende Tat soll hier wiedergegeben werden, damit sich der Leser ein abschließendes Bild von diesem Wilderertypus machen kann:

Ein Landarbeiter auf einem Bauerngute wurde durch den auf die Festnahme Eidigs gesetzten Preis verlockt, ihn zu verraten, was um so leichter erschien, als Eidig auf dem Bauerngute und mit ihm speziell viel verkehrte. Um seiner Sache ganz sicher zu sein, bat der Landarbeiter – ein armer Teufel – Eidig, ihm ein Reh zu liefern, das er, weil er in großer Geldnot sei, verkaufen könne. Er wolle das Reh auf einem Wagen seines Bauern in der Nacht des nächstfolgenden Tages mit nach Hamburg fortnehmen und versilbern.

Daher sei es nötig, daß das Reh bereits am Abend des nächsten Tages, wenn die Dunkelheit eingetreten sei, in seine Hände geliefert werde, damit er es auf dem Wagen verbergen könne.

Eidig sagte die Lieferung zu, und sein Abnehmer versäumte nicht, Nachricht an das Amt Lüneburg zu geben. Er werde den geächteten Wilddieb am Abend des kommenden Tages der Gerechtigkeit ausliefern, worauf das Amt vermittelte, daß von dem Kommando des in Lüneburg stationierten 4. Regiments „ein Officier mit einem Detachement Infanteristen" ausgesandt werde, um Eidig gefangen zu nehmen. Aber das Auge des Verräters hatte auch für Eidig gewacht, denn dieser hatte längst Kunde von dem erhalten, was gegen ihn unternommen werden sollte.

Das Reh war erlegt und bereits am Lieferungstage früh in einem Nachbarhause einem Helfershelfer Eidigs übergeben. Dieser sollte, ohne jedoch die Gefahr zu erkennen, in abendlicher Dunkelheit das Reh dem Landarbeiter aushändigen. Dabei überredete Eidig ihn, zum Scherz seinen Jagdrock anzuziehen und seine Mütze aufzusetzen, denn so könne er nachweisen, daß er an zwei Stellen zugleich gewesen sei. Dann würden die Bauern noch mehr glauben, daß er zaubern könne. Darauf ging der Bote gern ein.

Eidig versteckte sich am Abend in dem Bauernhaus, in dem das Reh abgeliefert werden sollte, unter dem Strohdach im äußersten Giebel, wo nach ortsüblicher Bauart das Dach offen ist, um Licht und Luft einzulassen. Von dort oben konnte und wollte er dem Laufe der Dinge, die da kommen mußten, zuschauen. Bei eintretender Dämmerung wurde in aller Stille das Haus mit Posten von außen und innen bestellt, und nicht zu lange ließ der Pseudo-Eidig auf sich warten, nicht wenig stolz, einmal die Rolle des großen Wildschützen spielen zu können.

Aber wie wurde der Unglückselige enttäuscht! Kaum hatte er das Haus betreten, wurde er von allen Seiten angegriffen und in wenigen Sekunden, trotz aller Unschuldsbeteuerungen und der Behauptung, er sei der Rechte nicht, gebunden. Er wurde fortgeführt. Von Ferne folgt, dem vermeintlichen Zusammentreffen mit Eidig ausweichend, der Landarbeiter, um sich in Lüneburg den Empfang des Kopfgeldes von 150 Talern zu sichern. Da plötzlich, als der Zug etwa 1 000 Schritte entfernt ist, schießt Eidig hoch aus dem Giebel seine Doppelbüchse ab, jeden Lauf einzeln. Dabei schrillt sein eigentümlicher, den Leuten nur zu bekannter Pfiff auf dem Finger durch die Nacht. Dann läßt er sich rasch am Dache heruntergleiten und verschwindet in der Dunkelheit. Da werden auch die den Gefangenen abführenden Soldaten aufmerksam. Der vermeintliche Eidig wird ans Licht gebracht, wo der bald folgende Verräter ihn als den Knecht eines Nachbarn identifiziert. Statt die erhoffte Belohnung zu erhalten, wird er ebenfalls einstweilen als Gefangener gebunden, mit nach Lüneburg geführt und erhält unterwegs noch manchen Stoß mit dem Gewehrkolben.

Ähnliche Geschichten gibt es massenhaft. Sie wurden vom Vater auf den Sohn und vom Sohne auf den Enkel weitererzählt. In einer niedersächsischen Gemeinde führt ein Junge den Namen Eidig als Vornamen (1985).

Das Förstergrab von Amelinghausen

Auf dem Dorfkirchhofe von Amelinghausen in der Lüneburger Heide findet man ein durch ein fast zwei Meter im Quadrat gehaltene Granitplatte geschlossenes Doppelgrab, im Volksmund „das Förstergrab" genannt, mit nachstehender Inschrift:

> Revierförster MUELLER und
> Förster WERNER
> von Wilddieben erschossen am 29. März 1866.

Den Unterlagen war folgende Geschichte zu entnehmen. Am 29. März 1866, dem Gründonnerstag, hatten sich frühmorgens der Revierförster Mueller aus Rehrhof (zu hannoverscher Zeit führten die Revierverwalter den Titel Revierförster. Jetzt würde Mueller den Titel Forstrat tragen) und der Förster Werner aus Wulfsode nach dem Forstorte „Raubkammer" begeben. In dem dortigen „Blockhause", einem zur Erleichterung des Dienstes und zum nächtlichen Aufenthalt von Waldarbeitern erbauten Jagdhause, wollten sie den Klaftermeistern Instruktionen über die Akkordarbeiten geben.

Nach erledigtem Geschäft, etwa um 9.30, begaben sich die beiden Forstbeamten in Begleitung eines Klaftermeisters, dessen Aussagen Grundlagen dieses Berichts sind, in einer anderen Richtung auf den Heimweg. An der fiskalischen Grenze der Raubkammer angekommen, bemerkten die Beamten vier Wilderer, die auf etwa 500 Schritt Entfernung von ihnen ebenfalls aus dem Forste traten und einen in der Raubkammer erlegten Hasen mit sich führten.

Revierförster Mueller wandte sich an den ihn begleitenden Förster Werner mit den Worten: „Wollen wir auf die Kerle los?" Darauf soll Förster Werner mit „Versteht sich von selbst!" geantwortet haben. Alsdann wurde der bereits hochbejahrte Klaftermeister entlassen. Die beiden Förster nahmen, ohne von den Wilderern bemerkt zu werden, einen Richtweg, um ihnen den Paß abzuschneiden, was ihnen auch gelang. Aus den Verhandlungen des Schwurgerichtshofes zu Celle läßt sich über das Zusammentreffen mit den Wilderern folgendes entnehmen:

Die Forstbeamten waren den Wilderern ungesehen bis auf etwa 100 Schritt nahe gekommen, als diese sie bemerkten und flüchten wollten. Revierförster Mueller forderte sie auf, stehen zu bleiben, die Gewehre abzulegen und sich fünf Schritte von den Waffen zu entfernen. Als sie der

Aufforderung nachkamen, vermuteten die beiden Förster nichts Arges mehr, schulterten ihre Gewehre und gingen auf die Wilderer zu, um die Namen aufzuschreiben und die Wildererwaffen zu konfiszieren. Das Zusammentreffen fand übrigens auf einer nicht zum fiskalischen Forst gehörenden Heide statt. Die Wilderer standen noch etwa fünf Schritte hinter ihren niedergelegten Gewehren, als die Forstbeamten auf dem Platze ankamen. Diese blieben auf der anderen Seite der Gewehre stehen, um die weiteren Verhandlungen mit den Wilderern zu beginnen. Die Gespräche wurden anfänglich von beiden Seiten in gemäßigter Weise geführt.

Jetzt wäre es unter diesen Umständen für die Beamten noch an der Zeit gewesen, den Platz zwischen den Gewehren und den Wilderern einzunehmen, um einen plötzlichen Überfall unmöglich zu machen oder mindestens zu erschweren. Leider scheinen aber beide Förster sehr sorglos gewesen zu sein und vergaßen alle Vorsicht. Während Revierförster Mueller begann, die Namen der Wilderer zu notieren, entstand ein Wortwechsel darüber, ob die Forstbeamten überhaupt befugt seien, gegen die Wilderer auf fremdem Grundeigentum in dieser Weise vorzugehen. Mueller sagte den Burschen, daß er sie mit Werner bereits aus der Raubkammer verfolgt und gesehen habe, wie sie mit dem von ihnen erlegten Hasen die Forstgrenze überschritten hätten. Er nehme deshalb keinen Anstand, sie zu verhaften und ihre Waffen nebst dem Hasen bis auf weiteres zu konfiszieren. Die Wilderer behaupteten dagegen, nicht in dem königlichen Forst gewesen zu sein, und wollten mindestens die Konfiszierung ihrer Gewehre nicht zulassen.

Plötzlich ergriff einer der Wilderer, nämlich der Dienstknecht Hühners aus Hützel im Amt Soltau, sein Gewehr, das noch gespannt gewesen sein soll. Er sprang so schnell ein paar Schritte zurück, daß die Beamten keine Möglichkeit zur Gegenwehr hatten, und schoß mit einem Lauf seiner Doppelflinte den Revierförster Mueller und mit dem anderen den Förster Werner nieder. Danach ergriffen alle vier Wilderer die Flucht.

Der schwerverletzte Förster Werner raffte sich in größter Todesnot noch einmal empor und verwundete einen der Fliehenden, indem er ihm mit seiner Büchsflinte eine Kugel durch den Oberschenkel schoß. Die Wilderer schleppten ihren verwundeten Komplizen mit sich fort, jedoch unterhielten sie sich unterwegs darüber, ob er nicht vollends zu töten sei (!), damit er sie nicht verraten könne. Dabei soll es bereits zu harten Vorwürfen gegen den Mörder der Forstbeamten gekommen sein.

Nach Aussagen des Försters Werner, der noch bis um 0.30 nachts lebte und gerichtlich bei vollem Bewußtsein vernommen werden konnte, hatte der Revierförster Mueller kaum noch fünf bis zehn Minuten nach dem Schuß gelebt und ihm, der dicht an seiner Seite lag, noch mit einem Lebewohl die Hand gereicht.

Mueller hatte den vollen Schuß von grobem Schrot und Posten auf etwa zehn Schritt in die Brust bekommen. Ein Schrotkorn hatte ihm der Länge nach die Axillaris durchrissen, so daß er rasch verblutete. Werner hatte ebenfalls die volle Ladung von Schrot Nr. 1 (jedes der vielen Schrotkörner hat einen Durchmesser von 4 mm) und Posten durch die rechte Hand und in den Unterleib erhalten.

Fast als ein Wunder muß es angesehen werden, daß gerade an diesem Tage in der öden, verkehrsarmen Gegend kurz nach der Tat ein Pferdewagen etwa 200 Schritt von der Schreckenstat entfernt vorüberfuhr und die Insassen den mit der Hand winkenden und rufenden Werner erblickten. Sie brachten ihn und die Leiche Muellers nach Rehrhof, von wo Werner nach Wulfsode geschafft wurde. Etwa 16 Stunden nach dem Schuß verschied er unter unvorstellbaren Schmerzen. Am ersten Ostermorgen des Jahres 1866 wurden die beiden Förster unter großer Beteiligung aus allen Schichten der Bevölkerung zu Grabe getragen. Den hinterbliebenen Witwen und den zahlreichen Kindern wurden viele Spenden zuteil, die die Folgen der Untat mildern sollten.

Den Mörder ereilte bald die Gerechtigkeit. Gerade zur Zeit, als die Beerdigung seiner Opfer stattfand, wurde er von einem Gendarmen am Kirchhof vorbei transportiert. Im Gefängnis des Obergerichts zu Lüneburg fand er Muße, über seine schwarze Tat nachzudenken. Bald darauf wurde er unter Zubilligung mildernder Umstände, wegen mehrfachen Totschlags vom Schwurgerichtshof zu Celle zu 20 Jahren verschärfter Kettenstrafe verurteilt, die 1876 nach der Vereinigung Hannovers mit Preußen in Zuchthausstrafe von gleicher Dauer umgewandelt wurde. Diese Strafe verbüßte er in der Strafanstalt zu Lüneburg. Der von dem Förster Werner verwundete Wilderer wurde auf Lebenszeit ein Krüppel. Trotzdem soll er noch jahrelang weiter gewildert haben.

Die Ermordung
der Förster Gies und Steinsträter

Der nachfolgende Fall spielte sich zwar im benachbarten Westfalen ab, ist aber von so großem zeitgeschichtlichen Wert, daß auf seine Schilderung nicht verzichtet werden kann, zumal hier auch die Einstellung der Gerichte gegenüber den Wilderern und der Wilderei als strafbarer Handlung erläutert wird.

Am 31. Mai 1880, morgens 3.00, hatten sich die Förster Eduard Gies und Julius Steinsträter, beide in Diensten des Freiherrn von Wrede zu Willebadessen am Eggegebirge, in den Wald an der Karlsschanze begeben, um auf Wilddiebe zu achten. Um 9 Uhr wurde der Förster Gies von einem Kleinenberger Waldarbeiter an der südlichen Grenze des Reviers, etwa 150 Schritt von der sogenannten Laube auf der Karlsschanze, auf einem schmalen Holzabfuhrwege stark blutend, aber noch lebend, aufgefunden. Er gab dem Waldarbeiter den Namen des Täters an, bezeichnete die Stelle, wo er angeschossen worden sei, und bat, ihn zu seiner Frau und seinen Kindern zu transportieren.

Der Waldarbeiter lud ihn auf den zweirädrigen Handkarren, den er bei sich führte, nachdem er darauf ein Lager aus Moos und Heidekraut hergerichtet hatte, und transportierte ihn über sehr steinige, holprige Wege nach Hause, wo er gegen 11.30 noch bei vollem Bewußtsein anlangte. Aber wenige Minuten später, nachdem er den Namen des Täters wiederholt genannt hatte, starb er ruhig und ohne Klagen. Welche Schmerzen muß dieser Mann gehabt haben in der Zeit von 5.00 morgens, als er angeschossen worden war, bis zum Augenblick seines Todes. Und wie muß der Witwe zumute gewesen sein, die jetzt mit sechs unmündigen Kindern allein stand.

Sein Kollege, Julius Steinsträter, der ihn begleitet hatte, wurde vermißt. Sofort wurden alle verfügbaren Leute in Bewegung gesetzt, um ihn aufzufinden. Obwohl Hunderte von Menschen in dem dichten Nadelholz nach ihm suchten, gelang es an diesem Tage nicht, ihn zu entdecken. Erst am 1. Juni gegen Mittag wurde seine Leiche etwa 200 Schritt von der Stelle, wo Gies gelegen hatte, inmitten einer sehr dichten Nadelholzschonung aufgefunden. Ein Schuß durch Herz und Lunge mit Posten (Anm: Posten sind grobe Schrote, die man früher verwandte, um Rehe zu schießen) hatte sein Leben ausgelöscht.

Der bei vollem Bewußtsein aufgefundene Förster Gies hatte dem Waldarbeiter noch angegeben, daß er dreimal beschossen worden sei von Hagemeyer aus Willebadessen. Dieser Kerl, 28 Jahre alt, war erst Ende April aus dem Zuchthaus in Münster entlassen, in dem er auf eine Anzeige des Försters Gies eine einjährige Gefängnisstrafe abgebüßt hatte. Sein Vater verbüßte noch eine neunmonatige Gefängnisstrafe wegen Wilddieberei. Rache, die der Kerl wiederholt geschworen hatte, war also das Motiv dieser unmenschlichen Tat.

Bei der Durchsuchung der Kleidungsstücke des Försters Gies fand sich ein Notizbuch, in dem er mit von Schrotschüssen zerschmetterten Fingern und Händen, ganz mit Blut befleckt, auf einer Seite bemerkt hatte: „Hagemeyer hat mich geschossen"; auf einer zweiten Seite „Ach, Herr Baron, sorgen Sie für meine Kinder und Frau", und auf der dritten „Kinder, betet für Euren Vater". Es stockt einem der Atem, wenn man bedenkt, daß der pflichttreue Forstbeamte diese Zeilen niederschrieb, als er aus 56 (!) Wunden blutend, mit zerschmetternden Händen und Fingern und ganz zerschossenen Eingeweiden verlassen im Walde lag. Gies war meuchlings aus einem Versteck in nächster Nähe seines Weges, mit zwei Schuß Posten und Schrot niedergestreckt worden. Dabei war ihm sein gespanntes Gewehr entfallen. Der Förstermörder war daraufhin noch zu dem schwerverwundeten Gies gegangen und hatte ihm aus nächster Nähe einen dritten Schuß in den Unterleib gegeben. Die Wunde des dritten Schusses war so groß, daß man die geballte Faust hineinschieben konnte und die zerschossenen Eingeweide hervortraten.

Der Förster Steinsträter hat sich vermutlich nicht bei Gies befunden, sondern ist etwa 1 km von ihm entfernt gewesen. Er ist wahrscheinlich nach den Schüssen zu Gies geeilt und auf dem Wege dahin auf den Täter gestoßen, der ihn aus nächster Nähe durch einen Postenschuß durch Brust und Herz niedergestreckt hat. Das Gewehr muß dem Steinsträter fast auf die Brust gehalten worden sein, denn der

Einschuß hatte die Größe eines 50-Pfennig-Stückes. Daraus schloß man zuerst, daß er mit der Kugel erschossen worden sei. Steinsträter war unverheiratet und als hoffnungsvoller Jüngling seinen noch lebenden Eltern entrissen. Sein Vater lebte als pensionierter Förster des Freiherrn von Boeselager zu Heesen bei Hamm und hatte noch einen Sohn, der infolge von Mißhandlungen durch Wilddiebe, die ihm den Hirnschädel eingeschlagen hatten, irrsinnig geworden war. Der trostlose Zustand in beiden Familien bleibt unbeschreiblich. Unzählige Trauergäste gaben den Ermordeten das letzte Geleit, 30 Forstbeamte trugen die toten Kollegen zu Grabe. Ein Grab nahm beide Särge auf.

Max Frhr. von Droste-Hülshoff, stellvertretender Landesvorstand von Westfalen des Allgemeinen Deutschen Jagdschutz-Vereins, nahm zu dem Vorfall und zur Wilderei allgemein Stellung:

„Bei der gerichtlichen Untersuchung hat sich herausgestellt, daß außer dem J. Hagemeyer auch ein August Hibbeln aus Kleinenberg des Mordes dringend verdächtig ist. Beide haben sich der Ergreifung durch die Flucht entzogen und werden steckbrieflich verfolgt, auf die Ermittlung und Ergreifung der Täter ist eine Belohnung von 1 000 Mark ausgesetzt worden.

Auf den Förster Gies ist zuerst aus ziemlicher Entfernung, aus einem schon länger hergerichteten Versteck in einer Fichtendickung geschossen worden, derselbe hat das in der Ruhe befindliche Gewehr auf dem Rücken getragen. Es ist also augenscheinlich, daß der Täter sich nicht in der Notwehr befand, vielmehr aus Rachsucht den Mord verübt hat. Die Begebenheit bildet daher wieder mal einen schlagenden Beweis der zunehmenden Verwilderung und muß in Verbindung mit der Tatsache, daß es in den letzten Jahren in hiesiger Gegend – wo es früher nur sehr selten vorkam – eine durchaus nicht mehr ungewöhnliche Erscheinung ist, daß Wilderer von ihren Waffen Gebrauch machen, in uns die Frage entstehen lassen: Was ist der Grund dieser Erscheinung und wohin soll dieses noch führen? Die zunehmende Verwilderung der unteren Volksklassen steht fest und ist allgemein anerkannt, und wenn dieselbe zum Teil auch mit inneren Angelegenheiten zusammenhängt, so unterliegt es doch keinem Zweifel, daß sie vielfach dadurch hervorgerufen wird, daß die Furcht vor Strafen – das leitende Motiv sehr vieler Entschlüsse – bedeutend im Abnehmen begriffen ist. Die Strafen sind zu gering, die Behandlung in den Zuchthäusern ist zu gut, und die Sträflinge kommen in der Regel schlechter, klüger und voll Rachsucht wieder aus denselben heraus. Es ist leider eine nicht wegzuleugnende Tatsache, daß in den westlichen Provinzen, wo bisher Forst- und Jagdfrevel viel seltener vorkamen, bei der Beurteilung und Bestrafung derselben nicht annähernd mit der gleichen Strenge und insbesondere nicht mit dem den Beamten gegenüber den Inkulpaten zu gewährenden Vertrauen verfahren wird, wie in den östlichen. Der Schritt vom Wilderer zum Mörder ist ein kleiner; selbst der Holzdieb kommt leicht dazu, von seinen höchst gefährlichen Waffen Gebrauch zu machen – deshalb müßte durch scharfe Bestrafung von dergleichen Freveln dem Betreffenden von vornherein das Handwerk verleidet werden. In Fällen der Widersetzlichkeit und des Gebrauchs der Waffen müßten die Inkulpaten aber doch auf irgendeine Art daran gehindert werden, den Beamten noch weiter gefährlich werden zu können, da es erwiesen ist, daß dieselben stets zum alten Handwerk zurückkehren und ihre Rache an ihrem Angeber, wie im vorliegenden Falle, üben. Ein gewisser Klostermann wilderte schon vor mehr als 20 Jahren mit gutem Erfolge in den königl. Revieren der Regierungsbezirke Minden und Arnsberg; er wurde später von dem Frhrn. von Wrede zu Willebadessen, der damals königl. Oberförster in Hardehausen war, auf der Tat betroffen und schoß den unbewaffneten Oberförster vom Pferde. Dieser muße monatelang liegen, Klostermann wurde nach kurzer Haft von 8 Jahren vor einiger Zeit wieder in Freiheit gesetzt und treibt das alte Handwerk mit Erfolg; derselbe hat übrigens noch mehrere andere Forstbeamte geschossen. Die Forst- und Jagdsachen werden in den westlichen Provinzen leider mitunter so nebensächlich behandelt, daß nicht einmal immer die einschlägigen Gesetze in Anwendung kommen. Ein Lokalblatt brachte kürzlich folgendes:

Landgerichtsverhandlung Münster am 11. Mai 1880. Es wird verhandelt:

Wider den Tagelöhner Beckmann aus Lehmkuhlen bei Bottrop, bereits dreimal wegen Jagdvergehens bestraft, heute desselben Vergehens angeklagt. Der Angeklagte gesteht ein, mit einem Stocke einen Dachs totgeschlagen zu haben. Die Haut habe er für 1 Thlr. 20 Sgr. und das Fett für 18 Sgr. verkauft. Die weitere Behauptung der Anklage, daß er einen Hasen geschossen, sei nicht richtig. Ein kleiner Knabe will übrigens gesehen haben, daß der Angeklagte einen Hasen erlegt habe. Der Staatsanwalt beantragt eine dreimonatige Gefängnisstrafe. Das Gericht erkennt auf Freisprechung. Es sei zweifelhaft, ob die Erlegung eines Dachses als Jagdvergehen angesehen werden könne, da nach dem herrschenden Provinzialrecht der Dachs nicht zu den jagdbaren Tieren gehöre. Die Erlegung des Hasen sei nicht genügend nachgewiesen.

Selbstverständlich ist durch das Gesetz vom 26. 2. 1870 die betreffende Chur-Kölnische Jagdordnung vom 9. 7. 1759 aufgehoben; übrigens gehört der Dachs nach dieser sehr wohl zu den jagdbaren Tieren! Ferner wurde Herr Busche in der Sitzung des Schöffengerichts zu Münster am 9. 3. 1880 wegen Fangens eines Hasen in der Schlinge während der gesetzlichen Schonzeit nur zu 5 Mark Geldstrafe verurteilt, auch nicht übel. Ein Hase, ein Dachs sind allerdings geringfügige Gegenstände, und kommt dazu, daß man bestimmt öfters annimmt, die Not treibe die Armen dazu. Diese Auffassung ist aber falsch. Denn einmal ist es ein unrichtiger Grundsatz, bei Beurteilung einer strafbaren Handlung der Größe des Objekts eine solche Bedeutung beizulegen, und dann sind die Folgen hierbei durchschlagend. Der Forst- und Jagdfrevler, welcher bei seiner ersten Ergreifung einen gründlichen Denkzettel erhält, wird später davon ablassen; hat er aber mal Gefallen an der wegen der niedrigen Strafe wenig gefährlichen und recht lohnenden Beschäftigung gefunden, sich einen Erwerbszweig daraus gebildet, dann wird er auch durch höhere Strafen sich nicht abschrecken lassen. Der einmal betretene Weg wird ihn auch bald zum Verbrechen führen; ihn zu kurieren dürfte jetzt häufig zu spät sein, deshalb muß er unschädlich gemacht werden. Wenn man erwägt, mit welchen Schwierigkeiten und Gefahren ein Forst- und Jagdbeamter zu kämpfen hat, welche Pflichttreue und in vielen Fällen welch persönlicher Mut dazu gehört, den anvertrauten Wald und das Wild zu schützen, so wird man nicht fehlgreifen in der Annahme, der Forst- und Jagdbeamte hat den schwierigsten und gefahrvollsten Beruf. Es ist Pflicht der Behörden und Richter, denselben nach Möglichkeit zu unterstützen und zu schützen . . ." Soweit Max Frhr. v. Droste-Hülshoff.

Förster Berthold Mauss wird ermordet

Am Sonntag, dem 18. November 1888 vormittags, ist der auf Forsthaus Waldhaus bei Stolberg am Harz stationierte, für den Siebengemeindewald angestellte Förster Berthold Mauss von Wilddieben ermordet worden. Das geschah unter folgenden Tatumständen:

Als Mauss früh gegen 7.30 im Begriff stand, sein Pferd zu füttern, hörte er in nicht allzu weiter Entfernung von seiner mitten im Walde gelegenen Dienstwohnung einen Schuß fallen. Dies war um so auffälliger, als das Forsthaus ca. 1 Stunde von der nächsten Ortschaft entfernt war. Sogleich eilte er, mit einer Büchsflinte bewaffnet, in Richtung des Schusses. Seine besorgte Frau hatte ihm vorher dringend geraten, den Waldwärter zu benachrichtigen und mitzunehmen. Er schlug diesen Rat aus. Der Wärter solle ihm, wenn er ins Forsthaus gekommen sei, in den Forstort Heidelbeerköpfe folgen.

Weil an seinem Gewehr etwas nicht in Ordnung war, erschien der Waldwärter erst gegen Mittag im Forsthaus und erfuhr, daß sein Vorgesetzter noch nicht wieder nach Hause gekommen sei. Die verängstigte Förstersfrau berichtete ihm kurz von dem Vorkommnis, und er machte sich sogleich auf den Weg. Die Magd wurde in die benachbarten Ortschaften geschickt, um über den Verbleib des Försters Gewißheit zu erlangen. Beides war vergeblich. Eine schreckliche Nacht voll banger Ungewißheit über das Schicksal ihres Mannes verbrachte die schon kränkliche Frau mit ihren vier kleinen Kindern in dem einsamen Forsthause. Noch spät abends ging die älteste, 10 Jahre alte Tochter auf Waldwegen nach dem eine Stunde entfernten Uftrungen, um den Vater zu holen. Umsonst.

Montag früh wurden Leute aus Uftrungen und Schwenda aufgeboten, um unter Leitung der Gräflich Stolberg-Rossla'schen Beamten, des Revierförsters Schönichen und der Waldwärter Becker und Jäger die in der vermeintlichen Richtung des am Sonntag gefallenen Schusses liegenden Forstdistrikte abzusuchen. Die Suche, durch anhaltenden Regen erschwert, blieb ebenfalls ohne Erfolg.

Am nächsten Tage setzte man die Suche, zu der noch der Revierförster Kautz mit seinem Schweißhund beordert war, mit einigen hundert Mann fort. Man fand die Leiche vormittags in einem Einschnitt im Distrikt Heidelbeerköpfe. Mauss lag auf dem Rücken und in einem Zustand, der ergab, daß man den Körper noch eine Strecke weit fortgeschleift hatte. Hut, Büchsflinte und Jagdtasche fehlten. Aus mehreren umgeknickten und abgeschossenen kleinen Zweigen ließ sich deutlich erkennen, daß ein Kugel- und ein Schrotschuß in der Nähe des Fundortes der Leiche abgegeben worden waren.

Bei der durch den Staatsanwalt angeordneten Sektion stellte sich heraus, daß der Ermordete durch zwei aus geringer Entfernung abgefeuerte Postenschüsse getötet worden war. 17 Posten saßen im linken, einer im rechten Oberarm, die beide Knochen zerschmettert hatten, 15 Stück in Brust und Hals. Gleichzeitig wurde, ca. 700 Schritt von der Leiche entfernt, auf einem stark ausgetretenen Wildwechsel ein mit der Kugel erlegtes Stück Rotwild (Hirschkuh) aufgefunden. Das Stück war soweit aufgebrochen, daß man das Gescheide hatte entfernen können. Nur das Schloß war nicht geöffnet, das Gescheide lag neben dem Wilde, der Pansen war seines Inhalts entleert und anscheinend von den Wilddieben mitgenommen worden. Die Haken waren nach Weidmannsbrauch ausgebrochen, und ein Bruch fand sich neben dem Alttier vor. Beide Hinterläufe hatte man eingehächst, um den Transport leichter zu bewerkstelligen.

Allem Anschein nach ist der Förster Mauss, nachdem die Mörder ein Stück Wild erlegt, im dicht verwachsenen Niederwald mit den Wilderern zusammengetroffen und, bevor er von seiner Waffe Gebrauch machen konnte, erschossen worden. Sein eigenes Gewehr scheint er im Todeskampf noch abgeschossen zu haben. Darauf deuten die bereits erwähnten abgeschossenen kleinen Zweige und der Umstand, daß der Schuß in sehr schräg nach unten verlaufender Richtung abgegeben sein mußte und der

Kugelaufschlag sich nur etwa 10 Schritte hinter einem ca. meterhoch durchschossenen starken Stockschößling befindet. Der Verletzte war durch die Zerschmetterung der Oberarme nicht mehr imstande, die Waffe auf ein bestimmtes Ziel zu richten.

Der Förster starb im 38. Lebensjahre, seine vier Kinder waren 3 Monate bis 10 Jahre alt. Die Mörder blieben unbekannt.

Das Reh vom Thomasholze

Aus der Strafsache gegen einen Handelsmann aus Woltersdorf wegen Jagdvergehens vor der I. Strafkammer des Herzoglichen Landgerichts zu Braunschweig und dem Urteil vom Juli 1889 lassen sich neben der Einstellung der Richter zur Jagdwilderei auch soziale Aspekte jener Zeit ablesen. Die Strafkammer fällte in erster Instanz folgendes Urteil:

„Am Morgen des 31. 1. 1889 kurz nach 8.00 war der Feldhüter der Gemeinde Waggum und Privatforstaufseher des Jagdpächters der Waggumer Jagd, Friedrich Ö. aus Waggum, auf einem Dienstgange in der Nähe des zum Wendhauser Revier gehörenden Forstortes Thomasholz oder Steinriede, der an die Waggumer Feldmark grenzt, angekommen, als er aus diesem Holze einen Mann heraustreten und sich scheu umsehen, nach dem Erblicken des Ö. aber eiligst in den Wald zurückgehen sah. Ö. folgte ihm nach und gewahrte im Walde zwei Männer, von welchen der Kleinere, derselbe, welcher aus dem Walde getreten war, eine Kiepe, anscheinend angefüllt, von der Erde aufnahm und dann mit seinem größeren Genossen waldeinwärts davonlief. Der Größere trug ein Gewehr, auch der Kleinere hatte etwas unter dem Arme, ob es aber ein Gewehr gewesen, konnte Ö. nicht behaupten. Die beiden flohen vor dem sie verfolgenden Forstaufseher durch das Thomasholz, das daranstoßende Waggumer Kirchenholz bis zu dem zum Wendhauser Reviere gehörigen herrschaftlichen Forstorte Bastholz. Während dieser Flucht hatte der Größere sich zweimal drohend umgewendet und unter den Worten, daß er schießen werde, Ö. zum Zurückbleiben aufgefordert. Als sie aber vor der im Forstorte Bastholze gelegenen Dickung angekommen waren, setzte der Kleinere die Kiepe zur Erde nieder, während der Größe gegen den Forstaufseher Front machte und bei weiterer Annäherung des letzteren zu schießen drohte. Ö. ließ dann von einer weiteren Verfolgung einstweilen ab und ging zurück, um den Forstwart G., welcher in der Forst beschäftigt war, herbeizuholen. Nach Verlauf einiger Zeit traf er den G. an und ging mit demselben nach der Stelle zurück, wo er die beiden Fliehenden zuletzt gesehen hatte. Letztere waren inzwischen verschwunden, dagegen fanden Ö. und G. nach einigem Suchen die in der Nähe versteckte Kiepe und in dieser ein frischgeschossenes Reh weiblichen Geschlechts, einen alten langen Rock und eine Flasche. In der Nähe der Kiepe wurde dann der Waldarbeiter F. aus Waggum aufgestellt, um aufzupassen, ob jemand herankommen würde, um die Kiepe zu holen. Nachmittags etwa um 3.15 sah dann auch F. einen Mann abseits der Wege durch den Wald kommen. In einem dort ziehenden Graben gehend, näherte der Mann sich der Stelle, wo die Kiepe stand, mehr und mehr, ging, in der Höhe der Kiepe angekommen, etwa 15 Schritt von letzterer entfernt, noch einige Schritte in derselben Richtung, weiter – wie es F. vorgekommen, um zu sehen, ob die Luft rein sei – erblickte dann den F., setzte dann seinen Marsch in der früheren Richtung weiter fort. Gleich darauf trafen G. und Ö. bei F. ein. Als dieser ihnen seine Wahrnehmungen erzählte, begaben sich alle drei auf die Verfolgung des Mannes, welcher inzwischen schon einigen Vorsprung gewonnen hatte und von welchem sie annahmen, daß er gekommen sei, um die Kiepe zu holen. Als sie aus dem Walde traten, gewahrten sie einen Mann auf Waggumer Feldmark und zwar auf wüstem Lande fortgehen. Dieser bemerkte auch alsbald, wie Ö., G. und F. ihn eiligst zu erreichen suchten, fing dann an zu laufen in der Richtung nach der noch weit entfernten Wendener Mühle zu, offenbar um jenen dreien zu entgehen. Als er bei seiner Flucht bei der Wendener Mühle angekommen, kletterte er über eine Planke und entschwand dann seinen Verfolgern aus den Augen. Es ist nun zunächst kein Zweifel, daß dieser Mann, welcher auf Waggumer Feldmark von den drei genannten anderen Personen fortlief, der Angeklagte gewesen ist. Letzterer hat das auch selbst zugestanden, ohne Bedenken nimmt das Gericht aber auch an, daß es derjenige gewesen sei, welcher von F. im Walde in der Nähe des Standortes der Kiepe gesehen ist. F. sagt, dieser Mann habe in seiner ganzen Erscheinung dem Angeklagten geglichen, und Angeklagter selbst gibt an, in dem fraglichen an die Waggumer Feldmark angrenzenden Walde unmittelbar vor Betreten der letzteren gewesen zu sein. Verdächtig ist weiter, daß der Angeklagte leugnet, in dem Walde des F. ansichtig geworden zu sein, da F. meint, Angeklagter habe ihn dort stehen sehen. Verdächtig ist aber in hohem Grade, daß der Angeklagte vor G., Ö. und F. in der oben beschriebenen Weise, wie er selbst eingeräumt hat, fortgelaufen ist. Seine Verteidigung, er sei, als er aus dem Walde gekommen, zunächst über bestellten Acker gegangen und habe, als die drei genannten Personen in der Richtung auf ihn zugekommen seien, gefürchtet, deswegen gepfändet werden zu sollen, und sei deshalb in der gedachten Weise geflohen, verdient gar keinen Glauben. Und für ebenso unglaublich hält das Gericht die Angabe des Angeklagten, daß er in den gedachten Wald gegangen sei, um sich dort lagerndes Schlagholz, welches hätte demnächst versteigert werden sollen, anzusehen, daß er sich aber verirrt habe. Vielmehr nimmt das Gericht in

Anbetracht der folgenden Verdachtsmomente an, daß derselbe in den Wald gegangen, um die dort versteckte abgedeckte Kiepe zu holen.

1. Der Zeuge Ö. sagt aus, der Angeklagte sehe aus wie der kleinere der beiden Männer, welche er am Morgen des 31. Januar im Forstorte Thomasholz, dem Waggumer Kirchenholz bis zum Forstorte Bastholz, abgedacht, verfolgt habe.

2. Der in der gedachten Kiepe aufgefundene Rock ist auf das bestimmteste als dem Angeklagten zugehörig nachgewiesen: Die Ehefrau L. und deren Sohn, Verwandte des Angeklagten, haben, ehe sie wußten, worum es sich handelte, bei Vorzeigung des Rockes im Vorermittlungsverfahren dem Gendarm Linde gegenüber sofort erklärt, sie erkennten den Rock bestimmt als denjenigen des Angeklagten, in der Hauptverhandlung sagten sie, ähnlich sei der Rock gewesen, welchen der Angeklagte besessen. Der Schneider D. hat im Vorermittlungsverfahren dem Gendarm Linde gegenüber den Rock als dem Angeklagten gehörig bezeichnet. Angeklagter habe denselben in der Ritter-Degenhardt'schen Auktion zu Braunschweig gekauft, er habe ihn im Auftrage des Angeklagten vor längerer Zeit kürzer machen müssen. In der heutigen Hauptverhandlung erklärt er, solch einen Rock habe er vor längerer Zeit in Arbeit gehabt. Degenhardt bezeugt, von solchem Zeug und Unterfutter habe er früher einen Schlafrock getragen, und dieser Schlafrock ist in vorgedachter Auktion verkauft. Auch ergeben die Versteigerungsakten, daß Angeklagter in der Auktion einen Rock gekauft hat. Der Rock ist charakteristisch und von allen gedachten Personen außer sonstigen Merkmalen auch an dem eigenartigen Futter wiedererkannt. Trotz alledem bestreitet der Angeklagte, jemals einen solchen Rock besessen zu haben.

3. Die Gendarmen L., P. und G. haben der Ehefrau des Angeklagten im Vorermittlungsverfahren den Rock und

die Kiepe gezeigt, mit der Frage, ob das Eigentum ihres Mannes sei. Sie hat mit der Sprache zuerst nicht recht heraus gewollt, dann aber erklärt, einen Rock und eine Kiepe habe ihr Mann in den letzten Wochen verloren. Die Beweisaufnahme hat aber nun weiter ergeben, daß der Angeklagte am Morgen des 31. Januar in der Zeit von 8.30 bis 10.00 dem Zeugen R. – näher konnte derselbe die Zeit nicht angeben – auf der von Querum nach Bienrode führende Chaussee in der Richtung nach Bienrode gehend, begegnete, einer Stelle, welche von derjenigen, an welcher Ö. von der Verfolgung der Männer im Bastholze einstweilen abstand, höchstens 20 Minuten entfernt ist. Diesem hat er auf Befragen, woher er komme, erzählt, er sei auf der Lehrmann'schen Ziegelei zu Querum gewesen und habe dort Steine gekauft, wolle nun nach Wenden zu seinem Schwiegervater, dessen Pferd anspannen, um die gekauften Steine abzufahren. Im Vorermittlungsverfahren und der Hauptverhandlung hat Angeklagter angegeben, er sei am Morgen des 31. Januar von Wedesbüttel nach der Lehrmann'schen Ziegelei gegangen, um Steine zu kaufen; da ihm aber ein Unbekannter auf der Lehrmann'schen Ziegelei mitgeteilt habe, daß Lehrmann nicht zu Hause sei, so sei er, ohne Steine zu kaufen, von Querum weiter nach Bienrode zu gegangen. Wie der Zeuge L. bekundet, hat ihm Lehrmann auch mitgeteilt, daß er am 31. Januar, an welchem Tage bei ihm geschlachtet sei, den ganzen Tag zu Hause gewesen sei, keiner von seinen Leuten wisse sich zu erinnern, daß an diesem Tage von einem Fremden nach ihm, Lehrmann, gefragt sei. Das Gericht zweifelt nicht daran, daß die Angaben des Angeklagten über seine Anwesenheit in Querum erdichtet sind. Alle vorstehenden Indizien führten vielmehr das Gericht zu der Überzeugung, daß der Angeklagte der Kleinere der beiden Männer gewesen ist, welche Ö. am Morgen des 31. Januar im Thomasholz angetroffen und verfolgt hat. Es besteht auch kein Zweifel, daß die von Ö. und G. am Bastholze aufgefundene Kiepe diejenige gewesen ist, welche von dem Kleineren der beiden Männer am Morgen des 31. Januar im Thomasholze hochgenommen und dann fortgetragen ist und daß damals schon die darin aufgefundenen Gegenstände in derselben gelegen haben. Das Reh ist nämlich nach den am Erdboden entdeckten Spuren ca. 25 Schritt vom Rande des Bastholzes entfernt auf dem Felde stehend niedergeschossen, alsdann in das Bastholz geschleift und hier ausgeweidet. Daß der Angeklagte das Reh erlegt hat, ist unerwiesen geblieben, aber ohne Anstand nimmt das Gericht an, daß einer von den beiden von Ö. am Morgen des 31. Januar im Thomasholze ertappten Männer das Tier erschossen hat, und zwar nicht lange vor dem Zeitpunkte, in welchem Ö. die beiden Männer zuerst betraf. Und ferner nimmt das Gericht an, daß Angeklagter die Kiepe zum Zwecke des Transportes des erlegten Rehes zur Stelle gebracht und bereitgestellt hat und daß er Hand angelegt hat bei dem Hineinlegen des Tieres in die Kiepe. Es ist auch klar, daß der Angeklagte und sein Begleiter durch die von Ö. bekundete oben beschriebene Tätigkeit gemeinsam die Fortschaffung des Rehes bewerkstelligen wollten. Die gesamte Tätigkeit des Angeklagten und seines Begleiters entsprang nun aus dem Entschluß derselben, durch vereinigtes Handeln die Okkupierung von Wild herbeizuführen, ein Jeder wollte die Okkupierung als eigene Tat und ohne Mitwirkung des Anderen vollbringen, mithin sind beide Mittäter gem. § 47 RStGB – die Tätigkeit des Angeklagten stellt sich aber auch als Ausübung der Jagd dar – s. Entscheidung des Reichsgerichts B. XII S. 305 – Fortsetzung des unberechtigten Jagens (i.e. Okkupierens) durch Weitertragen des Wildes. Und wie der Angeklagte so wenig wie sein Begleiter berechtigt war, in der Waggumer Feldmark, dem Thomasholze, im Waggumer Kirchenholze und dem Bastholze zu jagen, so beging er ein Jagdvergehen – § 292 StGB – welches, da es während der gesetzlichen Schonzeit – s. Braunschweigisches Jagdpolizeigesetz § 14 –

in Wäldern und gemeinschaftlich von Mehreren begangen ist, qualifiziert ist nach § 293 StGB.

Dem Angeklagten, welcher einen Jagdschein sich nicht gelöst hat, fällt nach Obigem aber auch weiter zur Last, jagend betroffen zu sein, ohne einen Jagdschein gelöst zu haben – Übertretung gegen § 5 des Braunschw. Jagdpolizeigesetzes –, welche strafbare Handlung mit dem Jagdvergehen in idealer Konkurrenz steht, § 73 StGB. Für die Strafzumessung kam in Betracht, daß der Angeklagte bislang nicht bestraft worden, und erschien deshalb eine Gefängnisstrafe von einem Monat angemessen. Ferner trägt der Angeklagte die Kosten des Verfahrens (24. Juli 1889)."

Ein teurer Rehbock

Im November 1882 fand vor dem Herzoglichen Landgericht zu Braunschweig ein Wildererprozeß statt, bei dem ein Schlachter auf der Anklagebank saß. Folgender Tatbestand lag der Verhandlung zugrunde:

Am 12. Juni, früh zwischen 4.00 und 5.00, begegnete dem Förster Heuer in einem Forstorte bei Gebhardshagen ein Mann, der einen Sack auf der Schulter trug. Als der Mann des Försters, der nur noch 40 bis 50 Schritt von ihm entfernt war, ansichtig wurde, sprang er seitwärts in das Holz und warf dort den Sack zu Boden, weil die Last ihn bei der Flucht behinderte. Er versuchte, weiter zu entfliehen. Der Förster öffnete den Sack und fand darin einen Rehbock, den er als frischgeschossenen identifizierte.

In dem Entflohenen hatte der Förster den Schlachter B. aus G. erkannt und machte dem Ortsvorsteher Anzeige.

Beide, der Vorsteher und der Förster, begaben sich noch am selben Vormittage in die Wohnung des B., um hier Nachforschungen anzustellen. B. lag, als die beiden in das Wohnzimmer traten, mit vollem Gesicht auf dem Sofa und tat so, als ob er schliefe. Nachdem er aufgeweckt war, wurde er gefragt, ob er in der vergangenen Nacht oder am frühen Morgen ausgegangen sei. Anfangs behauptete B., zu Hause gewesen zu sein. Auf wiederholtes Fragen erklärte er jedoch, daß er seine Wohnung verlassen habe, um Brennesseln zu holen.

Der Ortsvorsteher wünschte, die Nesseln zu sehen, erkannte aber in den vorgezeigten Pflanzen solche, die mindestens 24 Stunden alt waren. Im Zimmer standen ein Paar nasse, mit Lehm beschmierte Stiefel, die beschlagnahmt wurden. Ein sofortiger Ortstermin ergab, daß die Stiefel ganz genau in die vorhandenen Spuren paßten. Es ergab sich auch, daß in der betreffenden Gegend ein solcher rötlicher Lehmboden war, wie er an den Stiefeln klebte. Auf dem weichen Boden hatte sich namentlich auch der Absatz des Stiefels scharf abgeprägt, so daß es keinen Zweifel gab. Nach seinem Gewehr befragt, hatte B. geantwortet, daß er es vor längerer Zeit dem Arbeiter G. geliehen habe. Dieser erklärte aber auf die sofort bei ihm gehaltene Nachfrage, daß er kein Gewehr von B. in Besitz habe. Unter den Fingern des B. wurden an jenem Morgen, an dem man ihn in seiner Wohnung aufsuchte, Spuren gefunden, wie sie zurückbleiben, wenn man ein kurz vorher geschossenes Wild angefaßt hat.

Aus dem Zeugenverhör ergab sich folgendes: Ein Zeuge, in dessen Haus der Angeklagte früher längere Zeit gewohnt hat, hatte öfter bemerkt, daß der Angeklagte nachts fortgegangen und erst frühmorgens zurückgekehrt sei. Der Zeuge Kiepenmacher S. aus Gebhardshagen sagte aus, daß er öfters in Gemeinschaft mit dem Angeklagten in das Holz gegangen sei. Auch in der fraglichen Nacht sei er mit dem Angeklagten zusammen gewesen. Er habe den B. um 2 Uhr nachts abgeholt, sie seien dann zusammen in das Hannoversche Holz gegangen, um dort Bandstöcke zu holen. Dort seien sie aber verjagt worden und hätten sich dann früh vor dem Dorfe Gebhardshagen getrennt, um nach Hause zu gehen.

Die Frau des Kiepenmachers behauptete mit Bestimmtheit, daß ihr Mann in der fraglichen Nacht zu Hause gewesen sei. Als sie auf den von ihr geleisteten Eid und darauf aufmerksam gemacht wurde, daß ihr Mann selber eingestanden habe, in der fraglichen Nacht ausgegangen zu sein, erklärte sie, daß sie sich bezüglich der fraglichen Nacht geirrt haben könne. Auf Antrag der Staatsanwaltschaft wurden die Aussagen der Frau S. genau zu Protokoll genommen. Zeuge Kaufmann S. aus Gebhardshagen bekundete, daß sich der Angeklagte öfter schweren Schrot bei ihm gekauft habe. Einmal habe der Angeklagte ihm durch seinen (des Zeugen) Hausknecht sagen lassen, wenn er, S., keinen Rehbock schießen könne, möchte er ihn damit beauftragen; er hätte immer gutes Pulver verabreicht, und er würde gern auch mal einen Rehbock für ihn schießen.

B. stand allgemein im Verdacht der Wilderei und brüstete sich auch damit. Die Forstbeamten suchte er dadurch einzuschüchtern, daß er wiederholt die Drohung aussprach, er würde jeden, der ihm in den Weg trete, niederschießen.

Mit dem vorliegenden Fall hatte sich bereits das Amtsgericht Salder beschäftigt, das den Angeklagten zu 3 Monaten Gefängnis verurteilte. Gegen dieses Urteil hatte der Angeklagte Berufung eingelegt. Deshalb kam der Fall vor das Herzogliche Landgericht. Die Strafkammer verwarf die Berufung, und die Strafe mußte abgesessen werden. Das war wahrlich ein teurer Rehbock!

Die Hüttenroder Hirschwilderer

Förster G. Rädecke aus Michaelstein gibt am 5. November 1900 dem Herzoglichen Forstamt Blankenburg/Harz folgenden Bericht, der auch Einblicke in die forstlichen Verhältnisse jener Zeit gestattet:

„Bei dem Austreiben des Rotwildes aus dem Lodengatter im Forstorte Bärenrücken am 31. Oktober war von dem Waldarbeiter B. ein Hirschlauf aufgefunden. Bei meiner Nachforschung, ob dieser Hirschlauf von Wilddieberei oder von einem eingegangenen Hirsche herrühre, fand ich dann am 2. November die Stelle, wo ein Hirsch von Wilddieben erlegt war.

Die Wilddiebe hatten ein Stück Packpapier zurückgelassen, in welchem neben Schweißflecken ein Stück Feist enthalten war; außerdem lagen in dem Buchenhorste, in welchem das Zerlegen vorgenommen war, sämmtliche in den Gelenken abgetrennten Läufe umher.

Die Verfolgung des Weges, den die Wilddiebe beim Transport genommen haben konnten, führte mich über die alte Elbingeröder Straße, woselbst ich abermals ein Stück Feist fand, und sodann nach dem Gatterthore im Forstorte Eisenkuhlen 35, nahe der Grenze des Forstorts Lodenbleek.

Nach der Beschaffenheit der Läufe und dem aufgefundenen Feist zu urtheilen, muß dieser Hirsch, der nach meiner Beurtheilung der Läufe zu den besseren Hirschen des Reviers gezählt haben dürfte, in den ersten Tagen des Monats Oktober geschossen sein.

In der weiteren Verfolgung dieser Wilddieberei am anderen Tag, fand ich zu meinem Schrecken genau auf dem Wege, den meiner Überzeugung nach die Wilddiebe mit dem ersten Hirsch gegangen waren, in einer Bodenvertiefung zugedeckten, geronnenen Schweiß, höchstens vom Tage zuvor herrührend.

Am 4. November habe ich in Folge dieses neuen Fundes und durch denselben bestärkt in der Annahme, daß die Wilddiebe aus Hüttenrode stammen und den Weg durch den oben bezeichneten Thorweg gehen würden, zusammen mit dem Forstwart Pieper die Fichtendickung am Hüttenröder Felde im Forstorte Eisenkuhlen durchsucht und in dieser, nachmittags 2.00, etwa 40 bis 50 Schritt vom Wege, der von der Trifft durch genannte Dickung führt, einen von Wilddieben geschossenen und bereits aufgebrochenen starken Sechsender-Hirsch gefunden. Nach diesem Funde schickte ich den Forstwart nach Blankenburg zur Meldung zum Herzoglichen Forstamte und ließ um weitere Hülfe zur Ergreifung der Wilddiebe bitten. Ich blieb zur Bewachung des Hirsches, evtl. Ergreifung der Wilddiebe zurück und stellte mich in der Nähe des Thorweges am Gatter gegen das Hüttenröder Feld auf. Etwa 2.30 kamen von Hüttenrode am Forstorte Lohdenbleek entlang drei Kinder (!), zwei Mädchen und ein Junge, im Alter von etwa 13 Jahren, welche nach ihrem Gebahren offenbar zum Zwecke der Beobachtung der Gegend abgesandt waren. Als die Mädchen bei eintretender Dämmerung ängstlich wurden und nach Hause gehen wollten, sagte der Junge: ‚Wei mötten noch hierblieben!‘ Die Kinder hielten sich ganz in meiner Nähe auf und gingen erst gegen 4.30 fort. Von den Mädchen wurde eines ‚Anna‘ angeredet.

Gegen 5.00 traf die erbetene Hülfe ein: Forstgehülfe B., Forstwart P. und Wegewärter P., sämmtlich aus Blankenburg. Nachdem diese Aufstellung gegenüber der Stelle, wo der gewilderte Hirsch lag, genommen hatten, ging ich zur Erwartung des Försters K. aus Lattenstedt und Waldarbeiter H. aus Blankenburg in den naheliegenden Buchenbestand, führte diese auf eine zur Abfassung der Wilddiebe

Vorname _____

Name _____

Straße _____

PLZ/Ort _____

**Ich interessiere mich für Bücher aus folgen-
den Bereichen und bitte um Prospekte:**

☐ Tier/Natur/Umwelt   ☐ Jagd

☐ **Heimtiere**   ☐ **Aquaristik/
Terraristik**

☐ **Reisen**   ☐ **Garten**

☐ **Afrika**   ☐ **Heimat/Kultur**

Bitte das Gewünschte ankreuzen

Weitere Interessenten sind

_____

Diese Karte lag im Buch _____

Antwort

Landbuch-Verlag GmbH
Postfach 160

3000 Hannover 1

FESSELND UND SPANNEND...

... oder informativ –
für jeden das Richtige.
Möchten Sie unser vollständiges
Buchprogramm kennenlernen?

Dann kreuzen Sie doch
einfach an, über welches
Interessengebiet Sie
informiert werden möchten.

Landbuch-
Verlag
Hannover

als zweckmäßig erscheinende Stelle und ging dann, um meinen Hund, der uns bei der Ergreifung der Wilddiebe hinderlich werden konnte, fortzuschaffen, aber auch um meiner Frau Nachricht über mein Ausbleiben zukommen zu lassen, denn ich war seit 5.00 früh von Hause fort, zu den Köhlern im Forstorte Gierthal.

Nach meiner Zurückkunft gedachte ich Aufstellung bei K. und H. zu nehmen. Als ich dann zurückkehrte, waren von sämmtlichen oben genannten Beamten pp. zwei Einwohner aus Hüttenrode, Handarbeiter G. und Steinbruchsarbeiter V., als die erwarteten Wilddiebe bereits festgenommen.

Es bleibt noch zu berichten, daß der Sohn des G. und ein weiterer Arbeiter verhaftet wurden, weil sie eingestanden, daß sie die Absicht hatten, den von G. angeblich gefundenen Hirsch sich anzueignen. Der Hirsch wog 95 kg."

Es steht ohne Zweifel fest, daß Förster Rädecke sich in höchster Lebensgefahr befand, als er allein den Hirsch bewachte; ein entscheidender Fehler bei seinem sonst umsichtigen Handeln!

Der Blankenburger Stationskommandant Torns führte im Auftrage der Staatsanwaltschaft weitere Nachforschungen durch. Er nahm sich der Sache mit großem Eifer an und stellte sehr bald fest, daß der Hirsch von R. aus Hüttenrode erlegt war, ferner der Arbeiter S. in Blankenburg im Oktober 1900 einen Hirsch in Bärenrücken geschossen hatte und beide zusammen seit dem Jahre 1898 in der Nähe von Hüttenrode, wie sie später auch eingestanden, sieben Hirsche, drei Sauen und drei Rehböcke erlegt und mit Hilfe mehrerer Personen aus Hüttenrode fortgeschafft und verwertet hatten.

Durch die umsichtige Tätigkeit des Stationskommandanten wurden nicht nur die Geweihe dieser Hirsche im Besitz verschiedener Hüttenröder Einwohner ermittelt und beschlagnahmt, sondern es wurde auch eine Anzahl Personen ermittelt, die Wildbret von den gewilderten Hirschen bei den Tätern gekauft hatten. Die I. Strafkammer des Herzoglichen Landgerichts zu Braunschweig verurteilte die beiden Wilddiebe und außerdem noch sieben Personen aus Hüttenrode am 13. 4. 1901 wegen Beihilfe und Hehlerei. Über das Strafmaß ist nichts bekannt. Gleichzeitig schwebten noch Untersuchungen gegen zwölf weitere Personen aus Hüttenrode, die die Geweihe und Wildbret von den gewilderten Hirschen an sich gebracht hatten. Die Geschichte lehrt u. a. auch, daß wegen zweier Wilddiebe ein ganzes Dorf in Verruch geraten kann. Es gab aber auch Gebiete, in denen die gesamte Dorfgemeinschaft zu den Wilddieben hielt.

Auch im Solling knallt's

Bei der Gemeinderatswahl in Schorborn am 4. 2. 1901 wurde den Forstbeamten des Bezirks Schießhaus hinterbracht, daß am Abend zuvor der Glasschleifer X. mit einem Gewehr versehen etwa um 10.30 aus der Richtung vom Walde her nach Hause gekommen sei. In seiner Gesellschaft habe sich sein Schwager A. befunden, der einen zusammengebundenen Gegenstand unter dem Arm getragen habe, der wohl ein Reh gewesen sein könne. In der Annahme, daß, wenn letzteres wirklich der Fall gewesen wäre, inzwischen nach etwa 20 Stunden voraussichtlich alle Spuren beseitigt sein würden, wurde von einer sofortigen Haussuche Abstand genommen. Dabei war noch der Gesichtspunkt maßgebend, daß durch eine ergebnislose Haussuchung X. nur gewarnt würde, während zu hoffen stand, daß er sich bei dem hellen Mondschein und der guten Schneelage jener Tage sicher fühlen würde, sich wiederum zum Wildern verleiten lasse und dabei im Walde bzw. auf frischer Tat gefaßt werden könnte.

Am Dienstagvormittag des 5. Februar wurde bei der Wildzählung, die aufgrund des am Abend zuvor frisch gefallenen Schnees vorgenommen wurde, vom Förster H. und Forstwegewärter Sp. festgestellt, daß über das Wildgatter im Forstorte Fall von mehreren Personen ein Stück Rotwild transportiert worden war. Die Beamten folgten den Spuren zurück in die Kiefernkultur im Fall und fanden dort die Stelle, wo das fragliche Wild zerlegt worden war. Bei genauem Nachforschen entdeckte der Förster die unter einer Kiefer sorgfältig versteckte Decke, eine Hirschdecke, die ein von einem 9-mm-Geschoß herrührendes Loch aufwies. Da dem Förster H. bekannt war, daß der X. einen 9-mm-Tesching besaß, war es nicht mehr zweifelhaft, wo der Täter zu suchen war. Es war um so weniger zweifelhaft, als ihm einige Zeit vorher abends angezeigt worden war, daß X. mit einem Gewehr das Haus verlassen habe und dem Walde zugegangen sei.

Da Vollmond war, nahm H. sofort die Verfolgung auf, wurde jedoch von der Ehefrau X. bemerkt, die durch Zeichen oben aus dem Hause ihren Mann verständigte. Der Förster H. hat X. an jenem Abend dann auch nicht ergriffen, obgleich er, am folgenden Tage an den Spuren im Schnee festgestellt hat, sich in dessen unmittelbarer Nähe befand. Renommierend hat X. später selbst erzählt, der Forstaspirant Sch. – vermutlich eine Verwechslung mit dem genannten Förster – sei eines Abends im Walde auf 40 Schritt an ihm vorbeigegangen.

Nach Auffindung der Hirschdecke requirierte Förster H. deshalb, da das Wildbret von dem Hirsche in der Zwischenzeit schwerlich zur Seite gebracht worden sein konnte, in Vertretung des beurlaubten Forstamts-Vorstandes, durch den Sp. den Gendarmen Reese aus Stadtoldendorf und zog gleichzeitig den Forstwart B. hinzu. Während er mit dem Gendarmen zur Haussuchung schritt, ließ er zugleich durch B. und Sp. die Ausgänge des Hauses von verstecktem Posten aus bewachen, damit während der Haussuchung nichts unbemerkt fortgeschafft werden könnte.

Bei der Haussuchung bequemte sich X. nach anfänglichem Leugnen, als das fragliche Gewehr und eine zum Versand fertige Kiste mit Wildbret entdeckt worden waren, zunächst zu einem teilweisen Geständnis. Nachdem dann aber eine bei dem Glasschleifer Y., den Förster H. zufällig am Morgen mit einem schweren Korbe aus dem Hause X. hatte kommen sehen, vorgenommene Haussuchung nach längeren Suchen ebenfalls erfolgreich ausgefallen war, gab X. das Versteck des von ihm noch verborgen gehaltenen Wildbrets an, und er legte ein vollständiges Geständnis ab. Danach hat er den Hirsch am Sonntag, dem 3. 2. 1901, nachmittags um 4.00 im Forstorte Fall geschossen, am Montagabend unter Beihilfe seines Schwagers und eines Tagelöhners zerlegt und forttransportiert. Letzterer habe für seine Bemühungen eine größere Quantität Wildbrets erhalten. Auch hierauf sofort unter Beteiligung des Gemeindevorstehers von Ca. und dessen Jagdaufsehers bei T. vorgenommene Haussuchung hatte Erfolg. Bei diesen Haussuchungen wurden beschlagnahmt:

1. bei X. ein Tesching mit drei Patronen, ein Küchenbeil, ein Sack, ein Kübel, eine Kiste mit 69 Pfund Wildbret und ein Achtergeweih;

2. bei Y. eine geladene Flinte, ein Korb mit 15 Pfund Wildbret;

3. bei T. ein Sack mit 50 Pfund Wildbret.

Aufgrund dieser Ergebnisse ist von der Gendarmerie Anzeige gegen die Vorgenannten sowie wegen Hehlerei gegen deren Ehefrauen erstattet worden. Die Angelegenheit ist am 8. 3. 1901 vor dem Schöffengericht in Stadtoldendorf zur Verhandlung gekommen, ohne daß auffallenderweise der Förster H. als Zeuge geladen war. In der betreffenden Sitzung ist X. zu 40 Mark Geldstrafe oder evtl. 8 Tagen Haft, Y. zu 1 Tag und T. zu 2 Tagen Gefängnis verurteilt worden. Die Frauen wurden freigesprochen. Gegen dieses Urteil legte der Amtsanwalt Berufung ein. Darauf wurden in der Sitzung der Strafkammer des Herzoglichen Landgerichts Braunschweig am 24. 6. 1901 in Holzminden der X. zu sechs Wochen Gefängnis und Y. zu 15 Mark Geldstrafe oder evtl. fünf Tagen Gefängnis verurteilt. Dem raschen, zähen und umsichtigen Verfolgen der entdeckten verdächtigen Momente durch den Förster H. ist die Aufdeckung dieser Wilddieberei in erster Linie zu danken. Dem Förster ist deshalb von der Herzoglichen Forstdirektion Braunschweig eine Gratifikation von 30 Mark bewilligt worden.

Fangt doch die Wilddiebe

Die Jagdberechtigten in Bartfeld hatten sich am 29. Dezember 1909 zwecks Abhaltung einer Treibjagd in der Dorfschenke, die am Ende des Dorfes lag, versammelt. Da sah der Landwirt V. auf einem Feldwege vier Personen, und Wilddiebe vermutend, rief er den jüngeren Leuten zu: „Wenn ihr Wilddiebe fangen wollt, dann ist es Zeit, da sind vier!"

Die jungen Leute liefen auf die Personen zu, welche die Flucht ergriffen. Sie wurden aber in der Wedtlerstedter Genossenschaftsforst mit Hilfe der dort beschäftigten Waldarbeiter ergriffen. Ein Wilddieb, ein Mann aus Braunschweig, hatte zwei geschossene Rehe in der Kiepe, die ein Soldat aus Braunschweig, dessen Garnison Herchingen war, erlegt hatte. Die Leibesvisitation brachte eine zerlegbare einfache Flinte mit Patronen und einen Revolver zum Vorschein. Diese beiden Personen wurden von den Jagdberechtigten festgehalten, bis der zuständige Fußgendarm eintraf. Der dritte Mann aus Braunschweig und sein Sohn blieben zunächst auf freiem Fuß, jedoch ersuchte der Fußgendarm die Gendarmerie in Braunschweig um Festnahme, da es sich bei ihm um einen sehr berüchtigten Wilddieb handelte. Der Täter wurde noch am selben Tag in Braunschweig verhaftet.

Den Haupttäter, der die Rehe in der Kiepe hatte, wollte das Herzogliche Amtsgericht zu Vechelde zunächst nicht verhaften. Erst auf die Vorstellung des Fußgendarmen G., es wäre Kollusionsgefahr, sprach das Amtsgericht den Haftbefehl aus. Im Februar 1910 war vor dem Herzoglichen Landgericht Termin. Der Haupttäter wurde zu 3 Monaten Gefängnis, der berüchtigte Wilderer aus Braunschweig zu 6 Monaten Gefängnis, der dritte Täter ebenfalls zu 3 Monaten Gefängnis verurteilt. Der minderjährige Sohn des Braunschweigers wurde freigesprochen.

Die Frettierer von Sophienthal

Am 28. Dezember 1909, vormittags 10.00, wird im Forstorte Heegholz des Herzoglichen Forstamtsbezirks Sophienthal von den herrschaftlichen Waldarbeitern V. und O. aus Sophienthal ein Mann mit einem stark bepackten Rucksack eingeholt. In der Annahme, einen Wilddieb vor sich zu haben, faßt O. in den Rucksack mit den Worten: „Was ist denn drin?" Da kommt ein zweiter Mann dazu, und beide Waldarbeiter werden mit Drohungen überhäuft. Sie wissen, daß der Förster B. aus Fürstenau in der Nähe in einer Hauung ist, laufen dorthin und melden den Vorfall. Der

Förster schickt den Waldarbeiter V. nach Vechelde zur Gendarmerie und geht selbst mit O. nach Bortfeld, um auf dem Wege die Wilddiebe zu treffen bzw. die Gendarmerie in Braunschweig zu benachrichtigen, daß die Wilddiebe Einwohner aus Braunschweig seien.

In Vechelde hat auf die Meldung des Waldarbeiters V. der Oberwachtmeister G. angeordnet, daß Wachtmeister W. sich mit Waldarbeiter V. auf dem Bahnhof Vechelde aufzuhalten habe, um die Wilddiebe dort abzufassen. Der Oberwachtmeister hat sich dann nach Bortfeld begeben, um mit dem Förster B. weitere Maßnahmen zu treffen.

Als auf dem Bahnhof Vechelde der Zug 4,54 nach Braunschweig zur Abfahrt bereitsteht, stellen sich die beiden Männer ein. Waldarbeiter V. sagt zu Wachtmeister H.: „Das sind sie!", und H. nimmt sie darauf fest. Da erfaßt der eine Mann ein bisher verborgen gehaltenes Frettchen und wirft es mit solcher Heftigkeit auf die Erde, daß es eingegangen ist.

Der Mann hatte sich derart benommen, daß er von dem Wachtmeister H. nur durch körperliche Züchtigung hat zur Ruhe gebracht werden können.

In dem Rucksack haben sich drei Kaninchen und 50 Fangnetze gefunden. Beide Wilddiebe, ein Arbeiter und ein Heizer, haben angegeben, sie hätten die Kaninchen unweit . . .dorf in den Königlich Preußischen Forsten gefangen. Die Täter sind im Februar 1909 vom Königlichen Schöffengericht Peine wegen Jagdübertretung bestraft worden, und zwar K., ein berüchtigter Wilddieb, mit 50 Mark oder evtl. zehn Tagen Haft und Ko. mit fünf Mark oder evtl. einem Tag Haft. Da die Jagdübertretung in Königlich Preußischen Forsten stattfand, beantragte das Forstamt Sophiental beim Bezirk Peine des Allgemeinen Deutschen Jagdschutz-Vereins eine Geldprämie für die Ergreifer der Wilderer, die sie auch erhielten.

Das Wilderernest Benneckenstein

Benneckenstein liegt verträumt und weltabgeschieden in der Nähe der Ortschaft Tanne, so grob im Dreieck zwischen Hohegeiß, Braunlage und Blankenburg. Heute gehört Benneckenstein zum Harzgebiet der DDR. Kein Ort ist so in die Geschichte der Harzwilderei eingegangen wie dieser. Vielleicht aber liegt dies daran, daß gerade in Benneckenstein stets umsichtige und unerschrockene Forstleute Jagdschutzdienst verrichteten und deshalb viele Fälle von Wilderei aus diesem Raum bekannt wurden.

In den oberen Harzorten gab es damals viele Nagelschmieden. Die Hohegeißer und Benneckensteiner Nagelschmiede verkauften ihre großen handgeschmiedeten Nägel nach Hamburg und Bremen, wo sie für den Schiffbau Verwendung fanden. Natürlich mußten sie dort hingebracht werden, und die Männer waren tagelang unterwegs. Die Einkünfte waren knapp, die Armut weit verbreitet. Und damit trafen hier wieder zwei Komponente aufeinander – Armut und Wildreichtum . . .

Wie lange schon hier im oberen Teil des Harzes unberechtigt dem Wilde nachgestellt wurde, läßt sich mit Sicherheit nicht mehr sagen, aber ein paar Jahrhunderte kommen da schon zusammen.

Inmitten des Ortes Hohegeiß findet man unmittelbar an der Straße das sogenannte „Wilderergrab". In Wahrheit handelt es sich dabei um Grabplatten, die früher auf dem Hohegeißer Friedhof ihren Platz hatten. Sie erinnern an Heinrich Aukam und Christian Klapproth, beide aus Benneckenstein, die als Wilddiebe im Hohegeißer Forst erschossen wurden. Heinrich Aukam war 18 Jahre alt, als er den Wilddieb Christian Klapproth als Treiber begleitete und dabei am 18. Dezember 1833 von dem Hohegeißer Förster Friedrich Wilhelm Eyme am Kesselberg erschossen wurde. Förster Eyme starb im Jahre 1835, vermutlich durch einen Schuß Christian Klapproths, der den Tod Aukams, der mit ihm verwandt war, rächen wollte. Christian Klapproth selbst wurde – 47 Jahre alt – am 19. Mai 1841 am Mittelberg tödlich getroffen, und zwar von dem Sohn des Försters Eyme, der allerdings nicht wußte, wen er da getötet hatte. Eyme jun., inzwischen selbst Förster geworden, meldete den Vorfall dem Forstamt. Am nächsten Morgen holte man den erschossenen Wilderer aus dem Wald und erkannte Klapproth, den Mörder des alten Försters Eyme. Einige Wilderer taten sich zusammen und erstatteten Anzeige gegen Eyme jun. Das Oberlandesgericht zu Wolfenbüttel aber schlug die Klage nieder, da Eyme nachweisbar in Notwehr gehandelt hatte.

Dr. Baumgarten aus Tübingen stellte durch Nachforschungen fest, daß die Benneckensteiner Wilderer allein im Jahre 1840 drei Hirsche, acht Alttiere (Hirschkühe), fünf Rotwildkälber, fünf Wildschweine, einen Auerhahn und 178 (!) Rehe gewildert hatten. Hinzu kamen, das wurde ihnen nachgewiesen, 8 529 Pfund zerlegtes Rotwild!

Daß der Haß der Wilderer gegen die Forstbeamten immer stärker wurde, läßt sich denken. Die Wilderer, die selten allein auf die „Jagd" gingen, taten sich gern zu kleinen oder größeren Banden zusammen. Der Förster dagegen war meist allein und auf sich selbst angewiesen. So läßt sich ermessen, in welchen Ängsten und Nöten auch die Försterfrauen um ihre tapferen Männer lebten. Und wie viele Förster wurden rücksichtslos erschossen! Busdorf hat sie und ihr Sterben in seinem Buche „Wilddieberei und Förstermorde" festgehalten.

Benneckenstein blieb ein gefürchtetes Wilderernest. In der Zeit des Ersten Weltkrieges kannte dort jeder den Arbeiter M. Er war wohl der tätigste und berüchtigste Wilderer der ganzen Umgebung. Sein Vorstrafenregister war ebenso lang wie die Zeit, die er der Wilderei widmete. Sogleich nach Verbüßung seiner letzten achtmonatigen Gefängnisstrafe wegen Jagdvergehens griff er im Dezember 1914 wieder zur Waffe. Das gegen ihn eingeleitete Strafverfahren mußte aber, da er vorübergehend zum Heeresdienst eingezogen war, aufgrund einer Amnestie eingestellt werden. Als er dann später nach seiner Entlassung einen Diebstahl begangen hatte, entzog er sich seiner Verhaftung im April 1915 durch die Flucht. Daraufhin wurde er steckbrieflich verfolgt. Es war ein öffentliches, auch der königlichen Staatsanwaltschaft bekanntes Geheimnis, daß er sich in Benneckenstein aufhielt bzw. sich in der Gegend wildernd umhertrieb. Wegen seiner außerordentlichen Gerissenheit und der Unterstützung durch zahlreiche Freunde und Hehler war es jedoch nicht möglich, ihn festzunehmen. Dies ist erst dem Förster G. aus Hohegeiß am Morgen des 25. November 1915 gelungen.

Förster G. entdeckte am Nachmittag des Vortages bei gutem Spürschnee die Fährten zweier Menschen, die in verdächtiger Weise von der Straße ab in den Bestand führten. Er fand, ihnen folgend, im kleinen Ebersbache auf einer Wildwiese einen frisch erlegten Hirsch. Die Fährten führten von hier aus nach Osten in Richtung Benneckenstein. Sie konnten aber, da inzwischen weiterer Schneefall und die Dämmerung eintraten, nur bis zur Kesselbergstraße verfolgt werden.

Förster G. begab sich nach Hause, zog sich um, bot, da weitere Forstbeamte in Hohegeiß nicht zur Verfügung standen, drei Waldarbeiter auf und brach mit diesen gegen 20.00 abends wieder auf, um die Wilderer beim Abholen des Hirsches abzufassen. Dabei waren sich alle Beteiligten klar darüber, daß sie unter diesen Umständen auf weitere Hilfe oder eine Ablösung nicht rechnen konnten, sondern nötigenfalls allein die ganze Nacht würden durchhalten müssen.

Da es inzwischen aufgehört hatte zu schneien und es mehr als wahrscheinlich war, daß die Wilderer von Benneckenstein her kommen würden, machte Förster G., um sich durch die Fährten im Neuschnee nicht zu verraten, einen großen Umweg durch das Wolfsbachtal, über den Ebersberg und durch das Hölltal zum Tatort, so daß er in großem Bogen von der entgegengesetzten Seite sich gegen 22.00 dem Hirsch näherte.

Die Nacht war mondhell und empfindlich kalt, minus 14 Grad. Deswegen war es nicht möglich, bis an den freiliegenden Hirsch heranzupirschen. Andererseits war ein mehrstündiges laut- und bewegungsloses Ausharren, besonders für die Waldarbeiter, eine starke Zumutung. Förster G. entschloß sich daher nach vierstündigem vergeblichen Warten gegen 23.00, jede Deckung, jeden Schatten vorsichtig ausnutzend, näher an den Hirsch heranzukriechen, der in einer Mulde an einem Bache lag. Dort mußte er feststellen, daß der Hirsch bereits abgeholt und nur die Decke und der Aufbruch zurückgelassen worden waren!

Der Schneefall gegen Abend hatte des Försters Fährte vom Nachmittag wieder verwischt, und die dadurch sicher gemachten Wilderer hatten das Wildbret gegen sonstige Gewohnheit bereits geborgen. Da der Schneefall aber rechtzeitig aufgehört hatte, konnte man jetzt nach dieser Entdeckung im hellen Mondschein die Täter auf frischer einwandfreier Fährte verfolgen. Unverzüglich nutzte G. mit seinen Waldarbeitern diese Möglichkeit. Es waren wiederum die Fährten zweier Männer, die dieselbe Richtung wie nachmittags eingeschlagen hatten. Wenn der Mondschein versagte, halfen Schweißhund und Taschenlaterne nach. Ab und zu fanden die waghalsigen Forstleute Druckstellen im Schnee, offensichtlich von abgesetzten Säcken, denn gelegentlich sahen sie auch starke Schweißspuren, die von den durchnäßten Säcken stammen mußten.

So ging denn diese „Nachsuche" verhältnismäßig schnell durch die Kesselwiese über die thüringische Landesgrenze, durch die Königliche Oberförsterei Benneckenstein, durch Benneckensteiner Feld und führte schließlich, gegen drei Uhr morgens, bis an das erste Haus der Ortschaft, in der, wie allgemein bekannt, der berüchtigte Wilderer M. wohnte. Hier brach Förster G. die Verfolgung ab und weckte den im Orte stationierten Gendarmen, der auch noch den königlichen Förster Sch. und den Stadtpolizisten zuzog.

Vorsichtig wurde M.'s Haus umstellt, und nachdem festgestellt war, daß beide Fährten in die Hoftür hinein, aber nur eine wieder heraus führte, klopfte man an die Haustür. Als dies längere Zeit vergeblich war, schlug der Gendarm ein Fenster ein, durch das die Beamten in das Haus stiegen. Sie durchsuchten das Haus und fanden im Wohnzimmer, in einem Tragekorb versteckt, frische Wildbretstücke und einen Teil der Lunge, außerdem kürzlich benutztes Männerschuhwerk sowie ein mit Schweiß behaftetes Beinkleid.

Inzwischen war auch die Ehefrau M. herbeigekommen, die natürlich nicht wußte, woher das Wildbret und die Kleidungsstücke stammten. Auch über den Aufenthalt ihres Mannes konnte sie keine Angaben machen. Sorgfältig wurden alle Räume des Erd- und Obergeschosses durchsucht, jedoch ohne Erfolg.

In der Decke des Obergeschosses befand sich ein offenbar auf den Hausboden führendes Loch, jedoch ohne Treppe oder Leiter. Da dieses Loch sehr verdächtig war, schob man den städtischen Wachtmeister hinauf auf den Boden. Aber nach kurzer Zeit kam er mit der Meldung zurück, auch auf dem Boden nichts Verdächtiges gefunden zu haben. Nach einer nochmaligen Durchsuchung der übrigen Räume war man schon fast der Meinung, daß M. doch, auf eine allerdings unerklärliche Weise, entwischt sein müsse.

Dagegen aber war Förster G. fest davon überzeugt, daß M. noch im Hause sei. Auf seine Veranlassung kehrte man nochmals in das Obergeschoß zurück, und hier ließ sich Förster G. jetzt selbst in die Bodenluke hineinschieben. Beim Lichte seiner elektrischen Taschenlaterne sah er einen völlig leeren, von zwei Schornsteinen durchzogenen Raum vor sich. Er suchte ihn, in der einen Hand die Lampe, in der anderen den gespannten Revolver, sorgfältig ab. Zunächst fand auch er nichts Verdächtiges. Erst als er wiederholt einen der beiden Schornsteine umkreiste, entdeckte er einen gerade dahinter verschwindenden menschlichen Absatz. Er machte eine kurze schnelle Kehrtwendung, sprang zu und zog den überrumpelten M. hinter dem Schornstein hervor.

Zunächst leugnete der Bursche alles ab, benahm sich außerordentlich frech und bedrohte Förster G. mit den Worten: „Die paar Jahre gehen ja auch hin . . . Na, und schießen kann ich ja!"

Er wurde geschlossen abgeführt und gestand dem Gendarmen gegenüber ein, den herzoglichen Hirsch geschossen zu haben. Er behauptete aber beharrlich, allein gewesen zu sein. Da es inzwischen Tag geworden war und auch wieder Schnee fiel, war es nicht mehr möglich, die zwei Fährte weiter zu verfolgen.

Es muß noch erwähnt werden, daß es M. bald nach seiner Überführung nach Nordhausen/Thüringen gelang zu entspringen. Er wurde dann wieder vergeblich steckbrieflich gesucht und konnte erst Anfang Februar 1916 durch die Gendarmerie in Benneckenstein festgenommen werden.

Diesmal wurde sofort gegen ihn verhandelt. Das Landgericht Nordhausen erkannte auf 3 Jahre und 3 Monate Gefängnis wegen gewerbsmäßigen Jagdvergehens, Widerstandes gegen die Staatsgewalt und Diebstahls. Zusätzlich wurde M. unter Polizeiaufsicht gestellt.

In einer Erklärung des Oberförsters aus Tanne heißt es dazu: „Der Förster G. hat sich durch sein Verhalten und Vorgehen das große Verdienst erworben, den erfolglosen Nachforschungen nach M. ein Ende zu setzen und die umliegenden Harzreviere, insbesondere die von diesem anscheinend bevorzugten braunschweigischen, von einem gefährlichen Wilddieb für mehrere Jahre befreit zu haben. Die ganze Angelegenheit hat er von der ersten Entdeckung der verdächtigen Spuren bis zur schließlichen Abführung von M. mit Überlegung und Umsicht behandelt. Nur die erfolgreiche Durchführung im Auge, hat er sich nicht gescheut, sich zu diesem Ziele außerordentlichen körperlichen Anstrengungen zu unterziehen: Er war am 24. November morgens gegen 8 Uhr aus Hohegeiß fortgegangen und hatte von 10 bis 15 Uhr in Sorge bei einer Holzversteigerung des herzoglichen Forstamtes Tanne mitgewirkt. Von dort ging er dann trotz heftigen Schneegestöbers nicht auf dem nächsten Wege nach Hause, sondern er machte den beträchtlichen Umweg über Stahlhai-Kesselwiese. Nach dieser Vorleistung hätte man kaum einem Beamten einen Vorwurf machen können, wenn er, auf sich selbst angewiesen, zumal bei dem herrschenden Wetter mit etwas geringerem Schneid und Ausdauer an die Nachtwache und Verfolgung herangegangen wäre bzw. sie durchgeführt hätte. Bei der schließlichen Ergreifung von M., die lediglich seinem Nichtnachlassen bis zum letzten zu verdanken ist, hat G. Geistesgegenwart und Mut entwickelt, welch letzterer um so mehr ins Gewicht fallen muß, als er und Wilderer M. „alte Freunde" waren. Das Verhalten und Vorgehen des Försters G. hat bei den sämtlichen Revierverwaltern der Umgebung und bei deren gesamter Jägerei ungeteiltes Lob gefunden, und auch die Herzogliche Kammer – Direktion der Forsten – hat die Angelegenheit dadurch gewürdigt, daß sie dem Förster G. eine Belohnung von 120 Mark gewährt hat!"

Ungeachtet dessen bleibt zu vermerken, daß sich G. beim Besteigen des Dachbodens ebenso wie der Gendarm in größter Lebensgefahr befand, denn M. war als guter und schneller Schütze allgemein bekannt. Der Fall Benneckenstein bleibt ein Lehrbeispiel für alle mit dem Jagdschutz betrauten Personen.

Die Bekämpfung der Wilderei durch Wildhandelskontrolle

Von jeher glaubte man an eine wirksame Bekämpfung der Wilderei durch eine lückenlose Kontrolle des Wildhandels. Die Kontrolle umfaßte in erster Linie den Nachweis der Herkunft des Wildes zunächst beim „Erzeuger", also dem Revierinhaber, dann beim eigentlichen Wildhändler und nicht zuletzt notfalls auch noch beim Endverbraucher. Hierzu bedurfte es aber gesetzgeberischer Voraussetzungen für die Kontrollbefugten. Das war ein schwieriges Unterfangen.

Infolge der Bewegungen des Jahres 1848 wurden, nachdem man einmal den bäuerlichen Grundbesitzern die Freiheit der Person und des Grund und Bodens mit vollem Eigentum daran gewährt hatte, wie in vielen deutschen Staaten so auch in Hannover konsequenterweise die Jagdrechte auf fremdem Grund und Boden im Wege der Gesetzgebung aufgehoben und die Jagd mit dem Grundeigentum verbunden. Bei den damaligen ländlichen Verhältnissen, insbesondere bei der durch die erleichterte Parzellierung stetig wachsenden Zahl jagdberechtigter Grundstücke und Eigentümer stellten sich jedoch besonders in polizeilicher Hinsicht bald allerlei Übelstände heraus. Da sich obendrein der Wildbestand durch die allgemeine Jagdfreiheit stark verminderte und man ernstliche Besorgnisse um seine

Erhaltung haben mußte, bemühte sich der Gesetzgeber schon bald, diesem Mißstande abzuhelfen. In Hannover sowie in vielen anderen Partikularstaaten beließ man das Jagdrecht als solches allen, selbst den kleinsten Grundstükken. Seine Ausübung wurde jedoch von gewissen persönlichen Erfordernissen und von bestimmten Eigenschaften der Grundstücke, auf denen die Jagd ausgeübt werden sollte, abhängig gemacht. Dadurch entstand neben dem eigentlichen Jagdrecht als Ausfluß des Grundeigentums ein eigenes Recht auf Ausübung der Jagd.

Die Aufhebung des Jagdrechtes auf fremdem Grund und Boden verkündete König Ernst August durch Gesetz vom 29. 7. 1850 für das Königreich Hannover. Sein Sohn, König Georg V., erließ eine entsprechende Jagdordnung am 11. 3. 1859. Hierin fand sich zum ersten Male auch ein Abschnitt, der sich mit der „Setz- und Hegezeit" des Wildes befaßte. Diese Vorschriften wurden 1870 durch das „Gesetz, betreffend die Schonzeiten des Wildes" aufgehoben. Für das Töten oder Einfangen von Wild während der vorgeschriebenen Schonzeiten sowie für das Fangen von Wild in Schlingen wurden erhebliche Geldbußen festgesetzt. Jetzt konnten sich also auch Jäger strafbar machen. Das Töten – auch Schießen – eines Hasen z. B. in der Schonzeit oder durch Fangen in Schlingen war mit einer Geldbuße von 30 Mark bedroht, derselbe „Preis" mußte für einen Fasan gezahlt werden. 30 Mark waren 1870 sicherlich ein kleines Vermögen, kostete der Jagdschein in den alten Provinzen doch allein schon drei Mark.

Die Kontrolle des Wildhandels findet ihren ersten Niederschlag in diesem Gesetz:

„Wer nach Ablauf von 14 Tagen nach eingetretener Hege- oder Schonzeit während derselben Wild, rücksichtlich die Jagd in dieser Zeit untersagt ist, in ganzen Stücken oder zerlegt, aber noch nicht zum Genusse fertig zubereitet, zum Verkaufe herumträgt, in Läden, auf Märkten oder sonst auf irgend eine Art zum Kaufe ausstellt oder feilbietet, oder wer den Verkauf vermittelt, verfällt, zum Besten der Armenkasse derjenigen Gemeinde, in welcher die Übertretung stattfindet, neben der Confiscation des Wildes in eine Geldstrafe bis 90 Mark.

Ist das Wild in den in § 3 gedachten Ausnahmefällen erlegt, so hat der Verkäufer oder derjenige, welcher den Verkauf vermittelt, sich durch ein Attest der Ortspolizeibehörde über die Befugnis zum Verkaufe zu legimitieren, widrigenfalls derselbe in eine Geldbuße bis zu 15 Mark verfällt."

Hiermit konnte nicht nur die Einhaltung der gesetzlichen Jagdzeiten durch die Jäger, sondern auch der Wildhandel, insbesondere der dem Wildern Vorschub leistende Hehlerhandel kontrolliert werden. Der gewilderte „Eigenverbrauch" blieb weiterhin im Dunkeln. Trotzdem dürfen die leichten Fortschritte in ihrer Wirksamkeit nicht verkannt werden.

1873 folgten dem Gesetz Polizei-Verordnungen der Landdrosteien. Darin heißt es u. a.:

„Damit die getroffenen Anordnungen zu größerer Wirksamkeit gelangen, wird bezüglich der Ausübung einer Wildlegitimations-Controlle bestimmt, daß, wer während der gesetzlich vorgeschriebenen Schonzeit nach Ablauf von 14 Tagen von dem Eintritt dieser Zeiten ab Roth-, Dam- oder Rehwild in eine Stadt oder ein Dorf einbringt oder versendet, mit einer glaubhaften Bescheinigung des Inhabers desjenigen Jagdbezirkes, aus welchem das Wild stammt, oder, wo es sich um mit polizeilicher Erlaubnis erlegtes Wild handelt, mit einem Atteste der betreffenden Ortspolizeibehörde versehen sein, und solche den Polizei-, Forst-, Jagd- und Steuerbeamten auf Erfordern vorzeigen muß, bei Vermeidung einer Strafe von 30 Mark."

Für den Landdrosteibezirk Aurich z. B. wurde am 26. 8. 1879 eine Polizeiverordnung, den Wildtransport betreffend, erlassen. Darin heißt es:

„Um der Ausbeutung des Wildstandes durch Unberechtigte entgegen zu treten, erlassen wir auf Grund der §§ 11, 12 und 19 der Allerhöchsten Verordnung über die Polizeiverwaltung in den neu erworbenen Landestheilen (Anm.: Hannover fiel 1866 an Preußen) vom 20. 9. 1867 nachstehende polizeiliche Vorschriften:

Jeder, welcher Rehwild, Hasen, Rebhühner oder sonstiges nicht zu den Wasservögeln gehöriges Federwild in den Ortschaften einbringt oder außerhalb der Ortschaften transportiert, muß, insofern er nicht selbst Jagdberechtigter ist, mit einer glaubhaften Bescheinigung des Jagdberechtigten oder dessen Jagdaufseher versehen sein, worin der Name des Transportanten, die Art und Stückzahl des Wildes, welches er transportiert, der Jagdbezirk, aus welchem das Wild stammt, und der Tag der Übergabe desselben angegeben sind. Wird von ihm einem anderen das Wild zum Wiederverkauf überlassen, so ist die Bescheinigung dem letzteren zu übergeben und dessen Name darauf zu vermerken.

Die Bescheinigung muß den Polizei-, Forst- und Gemeindebeamten sowie den Gensdarmen und Beamten des Zoll- und Steueraufsichtsdienstes auf Verlangen vorgezeigt werden. Zuwiderhandlungen werden mit Geldstrafe von 5 bis 30 Mark, im Unvermögensfalle mit Haft bestraft.

Gleiche Strafe trifft denjenigen, welcher zwar den Transportschein besitzt, den Transport des Wildes jedoch erst nach Ablauf von 4 Tagen nach dem Tage der Ausstellung desselben bewirkt, sowie denjenigen, welcher nachweislich von einer nicht mit der erforderlichen Bescheinigung versehenen Person Wild zum Zwecke des Wiederverkaufs erwirbt. Diese Polizeiverordnung findet auf das Jadegebiet keine Anwendung . . .“

In diesem Zusammenhang gab der Landesvorstand des Landesvereins Hannover im „Allgemeinen Deutschen Jagdschutz-Verein", E. Graf zu Inn- und Knyphausen, am 7. 12. 1879 in Lütetsburg/Ostfriesland bekannt, daß das Königliche Oberpräsidium für die Provinz Hannover bereitwilligst dem von ihm gestellten Antrag entsprochen habe, denjenigen Landdrosteien, in welchen jene Verordnung noch nicht oder doch nur in beschränktem Maße bestand, eine ähnliche Anordnung zu empfehlen. Ebenso entsprach das Königliche Oberpräsidium seinen ferneren Anträgen, die Landdrosteien zu veranlassen, die Polizeibehörden ihrer Bezirke hinsichtlich der sorgfältigen Beachtung des Wilddiebstahls sowie des unerlaubten Wildhandels mit Instruktionen zu versehen.

Für erfolgreichen Jagdschutz, wozu auch die Wildhandelskontrolle gehörte, wurden vom ADJV, Landesverein Hannover, im Jahre 1879 folgende Personen mit Prämien ausgezeichnet:

Waldarbeiter Barthold zu Hardegsen	25 Mark
Gensdarm Graas zu Eldagsen	30 Mark
Gensdarm Preczany zu Bardowichs	10 Mark
Förster Könnecke zu Elbrinxen	5 Mark
Gensdarm Podzius zu Aerzen	10 Mark
Jägerbursche Hagen zu Bremerhaven	10 Mark
Förster Büschmann zu Drangstedt	5 Mark
Gensdarm Baum zu Bederkesa	20 Mark
Jägerbursche Hagen zu Bremerhaven	10 Mark
Gensdarm Wilkens zu Wulsdorf	15 Mark
Förster Gnade zu Hämelschenburg	15 Mark
Forstaufseher Henze zu Lüntorf	15 Mark
Gensdarm Hauck I zu Altenbruch	15 Mark
Fussgensdarm Oestreich zu Winsen/Luhe	15 Mark
Förster Hickstein zu Mackensen	30 Mark
Forstanwärter Schulz daselbst	30 Mark
Förster Löbnitz zu Lehe	20 Mark

Gensdarm Graskowak zu Lehe	15 Mark
Gensdarm Baum zu Lehe	15 Mark
Gensdarm Schumann II zu Schneverdingen	15 Mark
Schutzmann Behling in Celle	20 Mark
Forstgehilfe Drösemeier in Fuhrberg	20 Mark

1904 brachte Preußen das „Preußische Wildschon-Gesetz" heraus. Damit traten die einschlägigen Vorschriften der Forstordnung für Ostpreußen und Litauen von 1775 und der Hannoverschen Jagdordnung von 1859 außer Kraft. Ein wesentlicher Bestandteil des neuen Wildschon-Gesetzes war die Einführung des sog. Zettelzwanges oder der Wildlegitimationskontrolle, denn das Versenden von Wild war jetzt nur noch unter Beifügung eines Ursprungsscheines erlaubt. Als Begründung gab man an, daß eine Bekämpfung der Wilderei nur möglich sei, wenn die Verwertung des Wildes durch den Versand unterbunden werde. Die Vorschrift umfaßte namentlich auch die Versendung des Wildes innerhalb der Jagdzeiten, also auch außerhalb der Schonzeiten. Der Ursprungsschein mußte an dem Stück Wild sichtbar befestigt sein.

Für das Feilbieten und den Transport innerhalb von Ortschaften galten diese Vorschriften allerdings nicht, wohl aber mußte das jeweilige Geschlecht des erlegten Wildes stets zu erkennen sein. Es mußten also bestimmte Geschlechtsmerkmale am Stück vorhanden sein, denn kopflose (Geweih, Gehörn) Stücke oder solche mit fehlenden äußeren Geschlechtsmerkmalen waren bezüglich ihrer Geschlechtszugehörigkeit nicht mehr zu erkennen. Und einen kopflosen Rehbock als Ricke in den Verkehr zu bringen, war sicherlich leicht.

Dieser jetzt geschaffene Ursprungsschein war jahrzehntelang Bestandteil deutscher Jagdgesetze und wurde erst im Jahre 1952 durch das Bundesjagdgesetz auf „Eis gelegt".

Doch noch einmal zurück zur guten alten Zeit. Wie sehr man den Verkehr mit Wild auch seitens der Polizei überwachte, geht aus nachfolgendem Protokoll der Herzoglichen Polizeidirektion Braunschweig vom 6. Juli 1885 hervor:

„Der Hofbuchdruckerei-Besitzer Julius Krampe von hier hat als Secretär des Allgemeinen Deutschen Jagdschutz-Vereins dem Unterzeichneten vierzig Mark mit dem Antrage behändigt, dieselben den Polizei-Sergeanten Schomburg und Buhsenius zu gleichen Teilen als Belohnung für die Ermittlung der am 9. v. Mts. durch den Händler St. aus Wahrenholz erfolgten Einführung zweier Rehe, deren Geschlechtserkennungszeichen verstümmelt waren, – eines angeblichen Bockes und einer Ricke – auszahlen zu wollen. Ausgezahlt: Chr. Ritscher, Po. Ahs."

Die „Pflichttreue einzelner Beamten durch Prämien und Belobungen anzuerkennen . . " war Bestandteil der Satzung des ADJV, und es konnten Belohnungen bis zu 100 Mark bewilligt werden. Sehr viele Beamte müssen in den Genuß solcher Zuwendungen gekommen sein, denn der ADJV hat jährlich Tausende dafür aufgewandt. Es gab aber auch hochwertige Sachzuwendungen in Form und Jagdwaffen, Jagdgläsern, Pistolen, Ehren-Hirschfängern usw.

Die neue Preußische Jagdordnung wurde aber auch nicht nur kritiklos hingenommen. Mit einem im ganzen Reichsgebiet verteilten Flugblatt wandte sich der Wild- und Geflügelhändler-Verband e. V., Sitz Berlin, gegen die Ursprungsscheinpflicht. Da heißt es u. a.:

„Ob durch die Ausführung der Jagdordnung in der jetzigen Praxis tatsächlich der Wilddiebstahl erschwert wird, entzieht sich unserer Beurteilung. Wir nehmen in unseren Verband nur ehrenhafte Wildhändler auf, die mit Wilddieben und -hehlern nichts zu tun haben. Dagegen wissen wir aus eigener Erfahrung und den vielen Klagen unserer Mitglieder, daß durch die Praxis des Zettelzwanges der reelle Wildhandel in einem Umfange erschwert wird, der durch die gesetzgebenden Körperschaften niemals berücksichtigt worden sein kann. Es ist daher eine Änderung der jetzigen Bestimmungen dringend erforderlich. Dies zu beweisen, sei uns zunächst an dem Beispiel des Handels mit Rehwild als eines besonders häufigen gestattet.

Die Jagd auf Rehwild beginnt nach der Jagdordnung für Rehböcke am 16. Mai, weibliches Rehwild und Rehkälber am 1. November und dauert bis Ende Dezember.

Nach der Jagdordnung kann der Jagdbeginn für Rehböcke bis um 14 Tage vor- oder rückverlegt werden. Von dieser Befugnis machen die Bezirksausschüsse häufigen Gebrauch. Es ist anzuerkennen, daß für den Landespolizeibezirk Berlin die frühesten Jagdaufgänge festgesetzt werden, da ja hier kein Wild geschossen wird, andererseits die Jagdbesitzer aus Bezirken, für welche aus kulturellen Gründen ebenfalls frühe Jagdaufgänge festgesetzt werden, im Landespolizeibezirk Berlin gute Abnehmer finden.

Nun gehörten aber zu Großberlin zahlreiche Orte des Regierungsbezirks Potsdam, in dem durch Beschluß des Bezirksausschusses die Jagd meistens um 14 Tage später als gesetzlich festgelegt beginnt, so daß in dem Jagdbeginn ein Unterschied von nicht weniger als 4 Wochen für eng benachbarte, wirtschaftlich zusammenhängende Orte vorhanden ist. Auf der einen Straßenseite können die Bewohner das Wild (Rehböcke, Rebhühner) erst um 4 Wochen später feilbieten, verkaufen und kaufen als auf der anderen Straßenseite! Der Transport des Wildes kann auf der einen Straßenseite (zu Berlin gehörig) gestattet, auf der anderen Straßenseite (zu Potsdam gehörig) verboten sein. Daraus ergeben sich die verworrensten Zustände, übrigens nicht nur für Berlin, sondern für alle Bezirksgrenzorte und Grenzgebiete. Für den Wildhandel in Bezirken mit spätem Jagdaufgang bedeutet dieser Zustand eine schwere wirtschaftliche Schädigung. Unsere seit Jahren aufgestellte Forderung lautet daher: Sobald in einem preußischen Bezirke die Jagd aufgegangen ist, soll das darin legal erlegte Wild in ganz Preußen gehandelt werden dürfen. Nach der bisherigen polizeilichen Praxis konnten in den Monaten November/Dezember Rehkälber mit sog. ‚Befristeter Bescheinigung' in Jagdbezirken gehandelt werden. Die Ausstellung einer ‚B. B.' war dann notwendig und gestattet, wenn die Versandmöglichkeiten für das in einem Jagdbezirk erlegte Rehkalb nur von der bereits an einem Schonbezirk liegenden Bahnstation aus möglich war. Nach einer Kammergerichtsentscheidung ist es verboten (1912), Wild, das in Jagdbezirken erlegt ist, mit ‚B. B.' zu versehen. Rehkälber, die z. B. in der Jagdzeit in einem Jagdbezirk erlegt sind, können aus diesem nicht versandt werden, wenn die nächste bzw. die überhaupt in Frage kommende Versand-Bahnstation in einem Schonbezirk liegt. Es sind in Berlin (Jagdbezirk!) kürzlich Rehkälber beschlagnahmt worden, die im Jagdbezirk Königliche Oberförsterei Cladow rechtmäßig erlegt, von einem Wildhändler in Landshut a. W. rechtmäßig erworben und mit einer frist- und formgerechten ‚B. B.' versehen waren! Grund: Die Bahnstation Landsberg liegt in einem Schonbezirk, aus Schonbezirken kann aber in Jagdbezirken erlegtes Wild weder mit einem Ursprungsschein noch mit einer Befreiungs-Bescheinigung versehen versandt werden! Kann der Jäger das erlegte Wild nicht selbst verwerten, muß er es verludern lassen! Oh, heilige Justitia!"

„Im Namen des Königs!

In der Strafsache gegen den Königlichen Forstmeister X. in N. wegen Übertretung hat auf die von dem Angeklagten gegen das Urteil der 5. Strafkammer des Königlichen Landgerichts in Stettin vom 6. Juli 1912 eingelegte Revision der 1. Strafsenat des Königlichen Kammergerichts zu

Berlin, in der Sitzung vom 3. Oktober 1912 . . für Recht erkannt: Die Revision wird auf Kosten des Angeklagten zurückgewiesen. In Übereinstimmung mit dem Schöffengericht hat die Strafkammer festgestellt, daß der Angeklagte am 29. Dezember 1911 während der festgesetzten Schonzeit drei Rehkälber in ganzen Stücken nach Stettin, einen Bezirk, für welchen die Schonzeit gilt, versandt hat. Er ist daher wegen Übertretung nach . . . der Preußischen Jagdordnung verurteilt worden."

Diesem kuriosen Urteil lag zugrunde, daß für die fraglichen Rehkälber im Forstamtsbezirk zwar die Schonzeit am 1. November beendet war, also Jagdzeit war, der Bezirksausschuß jedoch durch Beschluß vom 23. April 1908 (!) für den Regierungsbezirk Stettin die Schonzeit für Rehkälber auf das ganze Jahr ausgedehnt hatte. Hiernach war am 29. Dezember 1911 die Versendung von Rehkälbern nach Stettin unzulässig. Man muß sich jetzt einmal die Anzahl der Regierungsbezirke im Königreich Preußen, zu dem ja auch Hannover gehörte, vorstellen. Wer konnte denn da wo und nach welchen Zeiten auch immer fragen? Jedenfalls wurde „falsch" versandtes Wild grundsätzlich von der Ortspolizeibehörde beschlagnahmt.

Besagter Forstmeister wurde noch ein zweites und ein drittes Mal bestraft, weil er noch Anfang Januar acht Rehkälber, die aus der Königlichen Oberförsterei Wildenau stammten, von Landsberg nach Berlin sandte. Alle acht Stücke wurden beschlagnahmt! Daraufhin beantragte der Forstmeister ein Luftschiff, weil innerhalb seines Forstamtsbezirkes kein Versandbahnhof war.

Der Landrat von Osten im Kreise Königsberg i. d. Neumark ließ im Juli 1911 aus seinem eigenen Jagdrevier einige Hirsche abschießen und verkaufte sie dem Handelsmanne Luchterhand in Briesenhorst. Herr Luchterhand bat nun den Rechnungsführer des Landrats, daß er die Scheine richtig ausstellen möge, weil er die Hirsche nach Berlin schicke und die Berliner Polizei nicht mit sich spaßen lasse. Der Rechnungsführer benutzte aber nun keine „Befristete Bescheinigung", wie sie das Gesetz vorschrieb, sondern er machte es nach der Methode von vor 1904, indem er der Sendung nur eine Abschrift der landratsamtlichen Bescheinigung beifügte. Alle Hirsche wurden in Berlin beschlagnahmt, und Herr Luchterhand hatte außerdem noch eine Geldstrafe zu zahlen! Solche Beispiele gibt es dutzendweise.

Das Reichsjagdgesetz und die Wildhandelskontrolle

Die jahrhundertelangen Bemühungen, über eine Wildhandelskontrolle Einfluß auf die Wilderei zu nehmen, waren letztlich immer wieder gescheitert. Die Machthaber des „Dritten Reiches" glaubten trotzdem an eine wirkungsvolle Kontrolle des Wildhandels.

Auf Grund der Ausführungsverordnung zum neuen Reichsjagdgesetz vom 3. Juli 1934 trat am 1. April 1936 die Wildverkehrsordnung (WVO) vom 21. März 1936 in Kraft. Man begründete sie etwa folgendermaßen:

Die umwälzende Neugestaltung der jagdgesetzlichen Grundlagen durch das Reichsjagdgesetz mußte nach kurzer Zeit auch eine Neuregelung des Verkehrs für erlegtes Wild zur Folge haben.

Nicht auf allen Gebieten ist die Zielsetzung des Reichsjagdgesetzes und der auf ihm beruhenden gesetzlichen Regelung des Wildhandels neu. Schon in den Vorläufern des Reichsjagdgesetzes war ein Teil dieser Ziele zum Ausdruck gebracht. Ihre Verwirklichung scheiterte jedoch an der mangelnden Einheitlichkeit und der „liberalistischen Auffassung vergangener Zeiten. Die Bestrebungen jagdlicher Organisationen gingen auch früher schon weiter. Die Spalten der Jagd- und Tagespresse waren voll von Klagen über die Unvollkommenheit und Machtlosigkeit der Jagdgesetze, nicht zuletzt auf den Gebieten des Verkehrs mit Wild. Es dürfte nicht übertrieben sein, zu behaupten, daß in manchen Gegenden unseres Vaterlandes nach dem Kriege der größte Teil der Jahresstrecke auf das Konto der Wilddieberei fiel. Wenn dieses Treiben auch in den vergangenen Jahren vielfach abgenommen hat, so wird es doch noch von vielen unterschätzt, und ein nicht geringer Teil der Wildererbeute wird auch heute noch im Gewerbe abgesetzt.

Neben dem Wilderertum war seit dem Kriege das Schießertum immer mehr angewachsen, so daß auch die kümmerlichsten Versuche einer zeitgemäßen Hege vor Inkrafttreten des Reichsjagdgesetzes illusorisch wurden.

Der Hauptgrund dafür lag an der mangelnden Regelung des Verkehrs mit Wildbret. Was nützen die besten Gesetze über weidgerechte Ausübung der Jagd, wenn die Kontrolle über den Verkehr mit erlegtem Wild versagt? Nichts bietet für den Wilderer und den Schießer mehr Anreiz als das Bewußtsein, das erlegte Wild ungehindert absetzen zu können. Die Gesetzesübertreter finden schnell die Lücken des Gesetzes, durch die sie schlüpfen können, ohne daß ihre Straftat der gerechten Sühne zugeführt wird. Die zweifellos nicht geringen Opfer an persönlicher Bequemlichkeit, deren das Reichsjagdgesetz und noch mehr die WVO von seiten des weidgerechten Jägers und bewährten Wildhändlers bedürfen, stellen nichts dar im Vergleich zu den hundertfältig schwereren Opfern, die der Zügellosigkeit des Wilderer- und Schießertums in der Zeit des Liberalismus gebracht werden mußten . . .

Im § 1 der Wildverkehrsordnung heißt es:

Unzerwirktes Schalenwildbret (Wisent-, Elch-, Rot-, Dam-, Sika-, Stein-, Muffel-, Reh-, Gams- und Schwarzwild) darf nur unter Beifügung eines Wild-Ursprungsscheins

a) feilgeboten, überlassen, erworben und eingeführt werden,

b) außerhalb der Grenzen des Erlegungsjagdbezirks befördert oder aufbewahrt werden.

Diese Bestimmungen galten nicht für den Revierinhaber persönlich bei der Mitnahme von erlegtem Schalenwild während der Jagdzeit aus seinem Jagdbezirk. Er mußte sich lediglich durch seinen Jahresjagdschein und einen speziellen Ausweis legitimieren können.

Der Ursprungsschein wurde mittels eines Metallbandes am Halse des erlegten Stückes befestigt. Er mußte binnen drei Tagen nach vollständiger Zerwirkung vom Zerwirker ausgefüllt an eine bestimmte Dienststelle zurückgesandt werden. Ohne Zweifel war hiermit eine fast perfekte Kontrolle der Jagdrevierinhaber selbst erreicht. Eine Überwachung der schwarzen Kanäle, durch die der Transport von gewildertem Wildbret lief, war auch durch die neue Wildverkehrsordnung nicht möglich. Die Erwartungen des Gesetzgebers waren zu hochgeschraubt. Außerdem lehrte die Vergangenheit, daß auf vielen abgelegenen Bahnhöfen die Wildursprungszeichen gar nicht bekannt waren. Und in den Wirren des Krieges und der Nachkriegszeit war viel Aushilfspersonal auf den Bahnhöfen beschäftigt, das froh war, wenn überhaupt einmal ein Zug fuhr.

Natürlich wurde später einiges verbessert. Bis zum Jahre 1952 wurden unterschiedliche Wild-Ursprungszeichen verwandt, zuletzt bestanden sie aus durchnumerierten und mit Staatswappen versehenen Metallbändern, die von den zuständigen Kreisjagdbehörden ausgegeben wurden. Der Endverbraucher mußte dieses Ursprungszeichen an die Jagdbehörde zurücksenden. Das 1952 in Kraft getretene Bundesjagdgesetz sieht zwar ebenfalls die Möglichkeit des Einsatzes von Ursprungszeichen vor, doch ist bis heute in dieser Hinsicht nichts geschehen. Ob die Wildursprungszeichen jemals ein wirksames Mittel im Kampf gegen die Wilderei waren, muß bezweifelt werden, denn Hehler hat es immer gegeben und wird es immer geben, sie fragten nie nach Ursprungszeichen.

Die Zustände während der Weimarer Republik

Der „Deutsche Landschutz"

Kuriose Blüten trieben die Umstände während der Weimarer Republik. Alle möglichen Leute nutzten die Gunst der Stunde und empfahlen sich vornehmlich den jagdlichen Verbänden und den Jagdpächtern als „sichere Spezialisten für den Wildschutz". Besonders durch den Allgemeinen Deutschen Jagdschutzverein wurde auch vor einem Unternehmen gewarnt, das sich „Deutscher Landschutz, Ermittelungsstelle, Abtlg. für Wild- und Forstschutz" nannte und seinen Sitz in Münster/Westf. hatte. Mit einem ohnehin schon nicht korrekten Briefkopf wollte man Seriosität und amtlichen Charakter vortäuschen.

Am 4. März 1929 schrieb der „Deutsche Landschutz" an den Forstmeister Leusmann in Braunschweig, der Vorsitzender des Landesvereins Braunschweig im ADJV war, unter anderem:

„Wir bitten Sie ergebenst, uns ein Verzeichnis der Mitglieder Ihres Vereins zu übersenden . . . Die meisten Verzeichnisse von Jagdschutzvereinen sind uns bereits, teilweise unaufgefordert, zugesandt worden, besonders in letzter Zeit nach unseren bisher unübertroffenen Erfolgen auf dem Gebiete der Bekämpfung des Wildererunwesens.

In den Jagdzeitschriften werden Sie sicherlich von unserem großen Erfolg in Württemberg, wo wir 80 Wilddiebe ermittelten, oder von unserem Erfolg in Lingen, wo wir vor zwei Monaten 42 Personen verhaften konnten, gelesen haben. Derartige Erfolge können nur durch das Arbeiten nach besonderen Methoden, wie wir sie eingeführt haben, erzielt werden, wenn besonders tüchtige Kriminalisten zu Spezialisten ausgebildet werden . . . N. B. Von den größten Vereinen unseres Bezirks gingen bereits 18 Verzeichnisse ein. Da wir ab 1. März 1929 auch für den dortigen Bezirk zur Aufklärung von Jagdvergehen zuständig sind (Anmerk. d. Verf.: Durch wen?) bitten wir höflichst um baldigste Zusendung Ihres Mitgliederverzeichnisses.

In jedem einzelnen Falle werden Jagdkriminalisten zur Verfügung gestellt, die Land und Leute dort genau kennen. Es stehen Ihnen Jagdkriminalisten zur Verfügung, die ununterbrochen auf diesem Gebiete arbeiten und mehrfach prämiiert und diplomiert wurden. Der Direktor"

Der alte Leusmann schrieb daraufhin an den Generalsekretär des Allgemeinen Deutschen Jagdschutzvereins, Berlin:

„Immer und immer wieder beehrt mich die Deutsche Landschutz-Ermittlungsstelle, Münster, mit Ersuchen und Schreiben, ihr unser Mitgliedsverzeichnis zu senden und von ihrer Einrichtung Gebrauch zu machen. Ich habe mich bis jetzt durchaus untätig dabei verhalten mit Rücksicht darauf, daß durch das Generalsekretariat des ADJV vor dem Inhaber des Instituts dringend gewarnt ist . . ."

Aufruf des Preußischen Landesjagdverbandes

Die durch die hohe Arbeitslosigkeit bedingte Notlage breiter Kreise der Bevölkerung ließ während der Weimarer Republik besonders auch die Zahl der Wildereidelikte wieder hochschnellen. Rücksichtslose Banden trieben in den deutschen Wäldern ihr Unwesen, und sie schreckten weder vor der entsetzlichen Schlingenstellerei noch vor Förstermorden zurück.

Der Preußische Landesjagdverband weist in seinem Jahresbericht für 1932 auf diese Tatsachen sehr deutlich hin: „Bedauerlicherweise muß festgestellt werden, daß die Wilddieberei in jeder Beziehung zugenommen hat! Die Unsicherheit hat einen Grad erreicht, der kaum noch übertroffen werden kann und den Zuständen, welche unmittelbar nach dem Umsturz im Jahre 1919 herrschten, nichts nachgibt. Besonders bedenklich ist die Radikalisierung des Wildererunwesens, die ihren Ausdruck darin findet, daß in den letzten 14 Monaten in Preußen sieben vollendete und zwei versuchte Morde an Forst- und Jagdschutzbeamten sowie an Jagdbesitzern und Pächtern vorgekommen sind. Die Bekämpfung des Wildererunwesens muß daher auch weiterhin für die Zukunft als eine der wichtigsten Aufgaben der jagdlichen Organisationsarbeit bezeichnet werden. Sie wird sich nicht dadurch erreichen lassen, daß man besonders verdienten Persönlichkeiten Auszeichnungen und Belohnungen aushändigt. Man wird vielmehr sein Hauptaugenmerk auf die Aufklärung der Allgemeinheit über die Gefährlichkeit des Wilderertums und auf eine verstärkte Aufsicht in zahlreichen, z. Z. völlig unbeaufsichtigten Revieren richten müssen. Deutschland verfügt über eine große Zahl hervorragend ausgebildeter Berufsjäger, die zum Teil stellenlos sind. Es ist nicht zu verlangen, daß jeder einzelne Jagdpächter sich einen Berufsjäger hält, wohl aber besteht die Möglichkeit, Berufsjäger einzustellen, wenn mehrere Reviere zu einem Aufsichtsbezirk zusammengeschlossen werden. Eine besonders dankbare Aufgabe für die zahlreichen Hegevereine. Der Verband hat im Berichtsjahr auf diese außerordentlich wichtige Maßnahme bereits mit Erfolg sein Augenmerk gerichtet und wird weiterhin bemüht sein, alles zu tun, was dazu dient, den Jagdschutzgedanken zu stärken. Eine schärfere Bestrafung der Wilddieberei muß nach wie vor gefordert werden.

Der Absatz des im Jahre 1930 vom Verbande geschaffenen Wilddiebsblattes – das auch in allen preußischen Staatsoberförstereien zum Aushang gebracht ist – ist gut gewesen. Mit diesem Wilddiebsblatt ist es gelungen, zahlreichen Wilddieben und Hehlern das Handwerk zu legen. Es kann nur empfohlen werden, immer wieder von diesem ausgezeichnet bewährten Mittel zur Aufdeckung von Wilddiebereien Gebrauch zu machen. Verschiedene durch die Provinzialverbände abgehaltene Vorführungsschießen mit Wilddiebswaffen, vor allen Dingen aber mit Schalldämpfern, dienten der Aufklärung der Behörden und Jagdschutzorgane über die große Gefährlichkeit des Schalldämpfers. Aus eingelaufenen Berichten geht leider hervor, daß trotz des Verbotes durch das Reichsschußwaffengesetz Schalldämpfer auch primitivster Art sich bei den Wilddieben einer stets wachsenden Beliebtheit erfreuen. Es kann deshalb den Provinzialverbänden, in denen derartige Schießen noch nicht durchgeführt wurden, nur dringend empfohlen werden, sie im Verein mit dem zuständigen Polizeipräsidenten zu veranstalten. Die hierfür erforderlichen Waffen und Schalldämpfer werden von der Geschäftsstelle des Verbandes zur Verfügung gestellt.

Es erscheint notwendig, daß eine verschärfte Kontrolle des unrechtmäßigen Wildhandels und der Hehlerei vor allem auf dem platten Lande durchgeführt wird. Infolgedessen wird ein Merkblatt für die preußische Landjägerei ausgearbeitet werden, das alle in dieser Beziehung besonders wichtigen Bestimmungen enthält. Das preußische Innenministerium hat zugesagt, dafür Sorge zu tragen, daß dieses Merkblatt in die Hand jedes preußischen Landjägers (Polizei) kommt. In diesem Zusammenhang sei darauf hingewiesen, daß es endlich nach jahrelangen Bemühungen gelungen ist, auf Grund eines vom Verbande ausgearbeiteten Gutachtens ein Urteil zu erreichen, welches die bei Wilderern sehr beliebten Pistolen mit Anschlagkasten als Wilddiebswaffe im Sinne des Reichsschußwaffengesetzes erklärt (Landgericht Prenzlau)."

Eine unglaubliche Geschichte

„Lögenhaft to vertell'n", würde Hermann Löns sagen, gäbe es nicht Zeugen dieser Geschichte:

Den Jäger fröstelte es auf dem Hochsitz. Als das Frühlicht mehr und mehr zunahm, konnte der Beobachtende sehen, wie der Hochgeweihte in der Brunft, mit gesenktem Haupte tief am Boden hinsuchend, der frischen Fährte des vorgezogenen Kahlwildes folgte, dann und wann plötzlich das Haupt emporwerfend, und mit weitgeöffnetem Windfang gierig in die Luft hinaus witterte. Dann ließ er in kurz abgebrochenen Tönen, darauf aber in langgezogenem Schrei seine Stimme erschallen. Brunftzeit des Rotwildes, hohe Zeit für den Jäger . . .

Dann zog das königliche Tier weiter, der nahen Dickung zu. Doch noch ehe es diese erreichte, donnerte der scharfe Knall einer Büchse durch die Morgenstille, und mit ihm flog, hoch emporschnellend, der Hirsch vorwärts, eine Schneise hinab, so daß er im nächsten Augenblick gänzlich verschwand.

Dafür sah man an der Stelle, wo der Schuß gefallen war, einen mit Gewehr bewaffneten, bäuerlich gekleideten

Mann schleichend aus dem Holze treten. Vorsichtig überschritt er die tauperlende Schneise bis zu dem Punkte, wo der Hirsch zuletzt noch ruhig gezogen war. Hier kniete der Wilderer, denn ein solcher war es offenbar, nieder und prüfte genau den Boden. Jedenfalls hatte er den Anschuß und suchte nach Schnitthaaren. Das Resultat schien ihn zu befriedigen, denn er nahm die Fluchtfährte auf, um Schweiß zu finden, was einem Geübten selbst bei der noch herrschenden Dämmerung wohl gelingen konnte. So weitersuchend, näherte er sich einem seitwärts gelegenen, mit Unterwuchs vermengten Fichtenstreifen, wohin der Hirsch geflüchtet war, als ihm ein donnerndes „Halt!" entgegenschallte. Schnell wie der Gedanke riß der Wilderer die Waffe an den Kopf, und ebenso rasch dröhnten darauf fast gleichzeitig zwei Schüsse durch den Forst – der eine aus des Wilderers Büchse, der andere aber aus dem Versteck kommend, aus dem im selben Moment ein Jäger stürzte, gerade auf seinen Gegner los. Ehe er jedoch nur zehn Schritt ins Freie gekommen war, brach er schwergetroffen zusammen. Die Kugel des Wilderes hatte ihr Ziel nur allzu sicher gefunden, und bloß die Erregung mochte dem tödlich verletzten Jäger noch soviel Kraft geben, den begonnenen Kampf Mann gegen Mann auszufechten. Als der Wilderer den sterbenden Jäger am Boden liegen sah, flüchtete er.

Wieder ist es ein früher Morgen. Geläute erschallt von dem nahen Kirchenglöcklein, ein Trauerzug kommt vom hochgelegenen Jägerhause herab, wo man den von Wildererhand erschossenen Förster abgeholt hat, um ihn der Erde zu übergeben. Und nicht nur die Angehörigen umstehen das Grab, nein, jung und alt der ganzen Gemeinde des kleinen Bergdorfes umringen die Ruhestätte des Hochgeachteten, schon mit der Absicht, den Vorwurf zu entkräften, daß einer aus dem Dorfe – so das Gerücht! – ein dem Weidwerk leidenschaftlich ergebener Bauernsohn, den Tod des Försters auf dem Gewissen trage. Aber auch dieser eine befindet sich unter den Anwesenden, um dadurch seine Unschuld zu beweisen. Dennoch wenden sich aller Augen zu ihm, als der Geistliche, nachdem er das Grab gesegnet, seine Ächtung über den unentdeckten Förstermörder ausruft.

Endlich ist die Feier beendet, und die meisten Leidtragenden kehren heim, während einzelne noch die Gräber ihrer Lieben aufsuchen. Auch der mutmaßliche Täter schreitet einer einsamen Stelle des Friedhofes zu, um das Grab seiner verstorbenen Eltern zu besuchen. Langsam, wie in tiefen Gedanken vor sich niederblickend, geht er dahin, bis er, hinter einem dichten Busch hervortretend, vor dem elterlichen Grabe steht. Hier wird dem Manne aber ein Anblick zuteil, für den Ort so seltsam und unvermutet, daß er aufs tiefste erschüttert stehen bleibt. Über dem Grabe der Eltern zusammengebrochen, das darauf errichtete Holzkreuz unter sich gedrückt – liegt ein verendeter Hirsch! Mit Kennerblick erkennt er in dem Hirsch sofort den von ihm vor Tagen angeschossenen, dessen Erlegung so tragische Folgen hatte. Er hat recht gesehen, denn wie später die Aussage des alten Gemeindehirten bestätigt hat, war kurz nach der Tat ein mächtiger Hirsch, von Dorfhunden verfolgt, über die Trift, wo der Alte gehütet hatte, geflüchtet und in Richtung Friedhof abgegangen. Jedenfalls überfiel der Gehetzte dort die nicht allzu hohe Mauer, durch die letzte Anstrengung aber war er zwischen den Gräbern zusammengebrochen und verendet.

Bewegungslos verharrt der Wilderer vor diesem entsetzlichen Bilde, als plötzlich der alte Totengräber vor ihm steht. Erschrocken will er an ihm vorüber, doch als dieser ihm die Tat ins Gesicht schleudert, schreit er: „Ja, ich bin der Mörder!", stößt den Alten zurück und schwingt sich über die Mauer, um im nahen Bergwald zu verschwinden. Einige Tage später finden Waldarbeiter ihn. Er hat sich erschossen.

Selbst die Machthaber
des „Dritten Reiches" sind machtlos

Anweisung des
Reg.-Präsidenten von Hildesheim

Ende 1935 wies der Regierungspräsident von Hildesheim die Landräte seines Bezirks darauf hin, daß sich die Klagen über Wildereifälle im Regierungsbezirk mehrten, insbesondere bestünde der Verdacht, daß Wild außerhalb des Abschußplanes in den Verkehr gebracht würde. Er ordnete deshalb für die Zeiten zwischen 18 und 23 Uhr Verkehrskontrollen an. Neben der allgemeinen Fahrzeugkontrolle war insbesondere festzustellen,

a) ob für mitgeführtes Schalenwild (Rotwild, Schwarzwild, Rehe) die vorgeschriebenen und ausgefüllten Ursprungsscheine vorhanden waren,

b) ob das Schalenwild mit der Kugel geschossen war (der Schuß mit Schrot und Kleinkaliber auf Schalenwild war und ist verboten!),

c) ob etwa Rehböcke, die bereits das Gehörn abgeworfen hatten, trotz der dann bestehenden Schonzeit geschossen waren (männliche Rehkälber konnten geschossen werden),

d) ob das Wild tatsächlich geschossen, in Tellerfangeisen oder Schlingen gefangen oder vom Kraftfahrzeug überfahren war,

e) ob die mitgeführten Hunde, insbesondere auf Motorrädern, ordnungsgemäß untergebracht waren,

f) ob von Jägern mitgeführte Waffen entladen waren.

Die Kontrollen erstreckten sich auf die Bereiche Altenau, Dammhaus, Riefensbeek, Osterode, Herzberg, Sieber, Lonau, Goslar, Hahnenklee, Bad Harzburg und Königskrug.

Die Aktion brachte natürlich keinerlei Erfolge, höchstens Aufsehen in der Bevölkerung, weil an den Kontrollen jeweils zwei SA-Männer des NSKK teilnahmen.

Zusätzlich wurde ein Ermittlungskommissar aus Berlin in den Harz geschickt, der sich mit der Aufklärung von Wildereifällen zu befassen hatte.

Man sollte meinen, daß die neuen Machthaber des „Dritten Reiches" und deren Gesetzgebung den Wilderern Angst und Zurückhaltung eingeflößt hätten. Dem war aber nicht so. Von Januar bis April 1935, also in nur vier Monaten, wurden allein im Forstamt Lauterberg/Harz vier Fälle von Wilderei entdeckt und zur Anzeige gebracht.

Zur gleichen Zeit fanden Kinder eines Straßenwärters ein totes Reh, das im Graben am Engeltal lag. Sie packten es in ihren Wagen und fuhren damit nach Hause. Der Straßenwärter entdeckte einen Halsschuß mittels Kleinkaliber.

Aber auch Füchse wurden mittels Tellereisen gewildert. Sie brachten damals immerhin 15−20 Reichsmark ein, was viel Geld war. Man legte ein bis zwei Eisen vor die Röhren am Fuchsbau, stopfte weitere Röhren zu und legte dann Feuer, damit der Rauch den Fuchs aus dem Bau treiben sollte.

Aber auch das tierquälerische Schlingenstellen nahm nicht ab. Der Bauer Alwin H. meldete 1936, daß oberhalb seines Ackers in Bad Lauterberg ein Reh in der Schlinge hinge, welches schon von Füchsen angefressen sei.

Wegen der Häufigkeit der Wilderei im Harz ordnete das Reichskriminalpolizeiamt zu Berlin 1938 eine zentrale

Nachrichtenerfassung bei der Kriminalstelle Magdeburg an. Unter Harz verstand man das Gebiet, das von den damaligen Eisenbahnlinien begrenzt war: Sangerhausen, Nordhausen, Herzberg, Osterode, Seesen, Langelsheim, Goslar, Bad Harzburg, Heudeber, Halberstadt, Aschersleben, Sandersleben und Mansfeld.

Das Reichsjagdamt wies 1944 darauf hin, daß mit der Dauer des Krieges die Wilderei aus verschiedenen Gründen laufend zunehme . . .

Wilderei am Rehkitz
Das Urteil des Jägerehrengerichts

Den Leser mag es überraschen, daß selbst Jäger und Jagdschutzberechtigte sich einer Wilderei schuldig machen können. Oftmals geschieht dies aus Unkenntnis der ohnehin schwierigen jagdlichen und jagdstrafrechtlichen Gesetzgebung, in seltenen Fällen aber auch aus voller Absicht. Neben der strafrechtlichen Verfolgung gibt es seit Jahrzehnten noch eine jagdliche Ehrengerichtsbarkeit, gegenwärtig geregelt in der „Disziplinarordnung des Deutschen Jagdschutz-Verbandes", gültig für alle Mitglieder der Deutschen Landesjagdverbände.

Im 3. Reich gab es die Jäger-Ehrengerichtsbarkeit, geregelt durch Ehrengerichtsordnung des Reichsbundes „Deutsche Jägerschaft" vom 27. März 1935. Diese Ehrengerichtsordnung war ein Bestandteil der Satzung der „Deutschen Jägerschaft", dem Zwangszusammenschluß aller Inhaber von Inländer-Jahresjagdscheinen im 3. Reich. Aus der Arbeit eines solchen Ehrengerichtes, nämlich dessen der Provinz Sachsen, soll nachfolgend „sine ira et studio", lediglich aus geschichtlichem Interesse ein auch rechtlich hochinteressanter Fall wiedergegeben werden. Dieser Fall trug sich in einem niedersächsischen Landkreis unweit Hannovers zu.

Der Beschuldigte war im Besitz von 12 Jahresjagdscheinen. Während er im gemeinschaftlichen Jagdbezirk von X, seinem Wohnsitz, nicht jagdberechtigt war, hatte er den gemeinschaftlichen Jagdbezirk Z zusammen mit zwei anderen Jägern gepachtet. Im März 1936 wurde dem Beschuldigten ein junger Bursche namens O. aus einer rheinischen Stadt als Landhelfer durch das Arbeitsamt zugewiesen. Der Junge, der damals 15 Jahre alt war, mußte bei allen landwirtschaftlichen Arbeiten helfen. Ende Mai oder Anfang Juni 1936 fuhr der Beschuldigte mit seinem Helfer auf ein Kleestück und begann dort, den Klee mit einem Binder zu mähen. Während sie mähten, sprang plötzlich vor dem Binder eine Ricke auf und wurde flüchtig. Der Beschuldigte sagte zu O., er solle mal nachsehen, ob nicht dort, wo die Ricke aufgesprungen sei, ein Kitz läge. O. fand tatsächlich ein weibliches Kitz und äußerte den Wunsch, das Kitz mit nach Hause zu nehmen und aufzuziehen. Der Beschuldigte verbot ihm das, weil das Jagdfrevel sei. Er ging dann in ein Nachbarfeld, um zu krauten. Als er wieder zurückkam und mit O. mit der Fuhre Klee nach Hause fuhr, eröffnete ihm dieser, daß das Kitz versteckt unterm Klee auf dem Wagen läge. Der Beschuldigte fuhr weiter nach Hause, und man brachte das Rehkitz im Schweinestall des Gehöftes unter. Hier wurde es von O., aber auch von der Zeugin A. gepflegt. Man gab ihm Milch aus der Flasche.

Am anderen Tage nahm man dieses weibliche Kitz wieder mit auf den Kleeacker und setzte es dort aus, fand aber auch ein Bockkitz in dem Klee. Der Beschuldigte will auch jetzt dem Wunsche des O., dieses Bockkitz mit nach Hause zu nehmen, widersprochen haben. O. fuhr mit der Fuhre geschnittenen Klees allein nach Hause. Als der Beschuldigte später nach Hause kam, fand er das Bockkitz vor; auch dieses Tier wurde durch O. und die Zeugin A. gepflegt. Auch als O. den Dienst beim Beschuldigten etwa im Herbst 1936 verließ, blieb das Bockkitz weiter in Pflege auf dem Hof des Beschuldigten. Erst in der Blattzeit 1937 verschwand es vom Hofe und kam nicht wieder.

Es besteht kein Zweifel, daß der Beschuldigte, wenn er wirklich und ernstlich gewollt hätte, die Mitnahme der beiden Kitze hätte verhindern können. Statt dessen hat er bewußt das erste weibliche Kitz auf seinem Wagen nach Hause gefahren und in seiner Stallung untergebracht, und auch bei dem zweiten Kitz hat er, als es einmal bei ihm war, keinen Anlaß genommen, es wieder ins Revier zu bringen. Er kann sich nicht damit entschuldigen, daß er aufgrund entsprechender Artikel in der Jagdpresse angenommen habe, die Ricke würde sich der Kitze, die mit Menschenwitterung umgeben seien, nicht wieder annehmen, und so würden die Kitze verhungern. Denn einmal hat er ja das erste Kitz, das auch schon mit Menschenwitterung umgeben und eine Nacht hindurch in seinem Stall gewesen war, wieder ausgesetzt, ohne die Gefahr in Betracht zu ziehen, es könne verhungern.

Im übrigen hätte er nach Wiederaussetzung der Kitze Beobachtungen anstellen können, ob sie von der Mutter wieder angenommen wurden oder nicht, und danach seine Maßnahmen treffen, sonderlich den Jagdpächter in Kenntnis setzen müssen. Für die Unrichtigkeit seiner Darstellung spricht auch, daß er entgegen den Aussagen zweier Zeugen behauptet, er habe ihnen nach der Vernehmung durch den Gendarmen Dezember 1936 von vornherein gesagt, daß der Junge gegen seinen Widerspruch die Kitze mitgenommen habe. Den Aussagen der Zeugen war nicht zu entnehmen, daß dies nicht der Fall war.

Ebenfalls mußte das Ehrengericht aufgrund des auch von dem Beschuldigten zugegebenen Sachverhaltes feststellen, daß er sich der erschwerten Wilddieberei schuldig gemacht hat, indem er im Mai oder Juni 1936 nacheinander zwei Rehkitze, die zu dieser Zeit mit der Jagd zu verschonen waren (amtl. Schonzeit!), aus einem Revier geholt und sich angeeignet hat, in dem er nicht jagdberechtigt war. Der Beschuldigte ist nicht Alleintäter, sein Mittäter ist der junge O. Man kann ihn nicht etwa als Gehilfen des O. ansehen, denn er selbst hat schließlich das Bockkitz für sich behalten, als O. schon den Dienst bei ihm verlassen hatte. Das wird weiterhin daraus besonders deutlich, daß der Beschuldigte und seine Ehefrau übereinstimmend erklärt haben, daß letztere an den Kitzen großen Gefallen gefunden und sich um die Aufzucht des Bockkitzes ganz besonders bemüht hat, und daß natürlich die Äsung des Bockkitzes ausschließlich aus den Beständen des Beschuldigten entnommen worden ist.

Bezüglich der weiteren Beschuldigung, der Beschuldigte habe im November 1935 auf dem Gemeinschaftlichen Jagdbezirk Z., für welchen er als Mitpächter eingetragen ist, unberechtigterweise einen Hirsch mit Schrot beschossen, hat das Ehrengericht folgenden Sachverhalt ermittelt:

Im November 1935 fuhr der Beschuldigte mit dem Zeugen M. im Kraftwagen in denjenigen Teil des Jagdbezirks Z., der ihm zugeteilt war. Er ließ seinen Kraftwagen auf einem Feldweg stehen und ging von da aus mit dem M. zusammen in Richtung auf den rechteckigen Zipfel seines Reviers. Dazu gibt er folgendes an:

Als sie über eine kleine Anhöhe gekommen seien, hätten sie vor sich in einer Entfernung von etwa 100 bis 150 Metern zwei Schäferhunde gesehen, die an einem Gegenstand gezerrt hätten, und er habe durch sein Jagdglas gesehen, daß die Hunde ein Stück Wild beim Wickel gehabt hätten. Die Hunde seien im nächsten Augenblick Richtung Wald flüchtig geworden. Er und M. seien herangegangen und hätten auf einer Luzernestoppel einen Rothirsch liegend gefunden. Es sei derjenige Hirsch, von dem Kopf und Geweih im Termin vorlägen. Von dem Hirsch seien das eine Blatt, das Geräusch und das Gescheide zerfressen und herausgerissen gewesen. Er, der Angeschuldigte, habe sich sofort entschlossen, sich das Geweih anzueignen, und er sei zu dem Zweck nach Z. gefahren und habe ein Beil geholt. Mit diesem Beil habe man den Hals des Hirsches abgeschlagen, ebenso aber auch die beiden Keulen, von denen man sich überzeugt habe, daß sie noch brauchbar waren, obwohl man mit der Möglichkeit gerechnet habe, daß der Hirsch dort schon eineinhalb bis zwei Tage gelegen haben könnte. Der Beschuldigte und M. hätten die beiden Keulen nach Z. mitgenommen und ebenso Hals und Kopf. Dann sei er mit diesen Sachen mit seiner Frau zusammen nach X. gefahren, dort habe man die Keulen aus der Decke geschlagen und dann zunächst einen Braten davon verzehrt, den Rest aber in Weckgläser eingemacht.

Diese Darstellung, die sich mit den Aussagen des Zeugen M. deckt, erscheint nur wenig glaubhaft. Zunächst ist dazu zu bemerken, daß Hunde, wenn sie ein Stück Wild anschneiden (anfressen), im allgemeinen bei der Keule anzufangen pflegen. Der Beschuldigte gibt auch zu, daß er ursprünglich immer davon gesprochen habe, daß beide Blätter (Schulterblätter) von den Hunden angeschnitten gewesen seien. Er muß selbst zugeben, daß diese Bekundung nicht glaubhaft ist, weil ja Hunde an dasjenige Blatt, das auf dem Erdboden liegt, gar nicht heran können, ohne den Hirsch auf die andere Seite zu wälzen, und das können die Hunde nicht.

Es ist auch wenig wahrscheinlich, daß der Beschuldigte und M. nur die beiden Keulen für brauchbar gehalten haben, nicht aber den Rücken des Hirsches, denn die Keulen pflegen mindestens in ihren beiden inneren Teilen eher anbrüchig zu werden, weil dort ein Druck entsteht und außerdem das Gescheide dort anliegt, das ja infolge seines Inhalts am ersten anbrüchig wird. Es ist auch nicht recht zu verstehen, daß der Beschuldigte, wie er selbst zugibt, gar keine Anstalten getroffen hat, die beiden Hunde zu beschießen, da er doch sah, daß sie wilderten. Nun ist allerdings hier zu bemerken, daß über die Bewaffnung des Beschuldigten widersprüchliche Aussagen vorliegen. Der Beschuldigte und seine Ehefrau behaupten, er habe eine Repetierbüchse geführt, während M. sagt, daß der Beschuldigte eine Doppelflinte geführt habe. Mit der Doppelflinte hätte er allerdings keinen Schuß auf 100 bis 150 Meter mit Erfolg abgeben können.

Weiter spricht gegen die Darstellung des Beschuldigten, daß er selbst zugeben muß, daß er zwei Familienmitgliedern gegenüber erzählt hat, er habe den Hirsch geschossen, und zwar habe er zunächst mit Kugel geschossen, da aber dadurch der Hirsch noch nicht verendet gewesen sei, habe er nochmals mit Schrot geschossen, und zwar mit einer Ladung, die aus Stahlkugeln des Lagers eines Fahrrades bestanden habe, und daß er dasselbe auch dem Zeugen Mh. erzählt habe. Er erklärt die Erzählung damit, daß er habe renommieren wollen, auch mal einen Hirsch geschossen zu haben, und daß er zu dieser Renommisterei dadurch veranlaßt worden sei, daß seine Ehefrau auf der Heimfahrt von Z. nach X. gesagt habe, er solle nicht sagen, daß er den Hirsch gefunden habe, sondern solle sagen, daß er ihn geschossen habe.

Die Glaubwürdigkeit des Beschuldigten in dieser Hinsicht wird schließlich noch dadurch zweifelhaft, daß an der fraglichen Stelle, wo der Hirsch gelegen hat, ein überdecktes Ansitzloch und eine Schüttung von Rübenblättern sich befunden hat, und daß der Beschuldigte diese Ansitzgelegenheit sonst öfter aufgesucht hat.

Das Ehrengericht hat bei der Verkündung des Urteils aufgrund dieses Beweisergebnisses gesagt, es sprächen 99%/10 Prozent dafür, daß der Beschuldigte den Hirsch in der Form, wie er das erzählte, zur Strecke gebracht habe, daß aber dieses fehlende Zehntel Prozent getreu dem Grundsatze „in dubio pro reo" dazu führen müsse, daß man nur die Darstellung des Beschuldigten, er habe den Hirsch unter den angegebenen Begleitumständen gefunden, der Aburteilung zugrunde legen könne.

Geht man aber von diesem Tatbestand aus, so ist es richtig, daß irgend eine Strafvorschrift durch den Beschuldigten nicht verletzt ist. Da er den Hirsch in demjenigen Revierteil gefunden hat, der ihm vertraglich zugewiesen war, so konnte er ein Jagdvergehen nicht begehen, weil er jagdberechtigt war, selbst wenn ihm das Recht zur Jagd auf Rotwild vertraglich nicht zustand. Er hat den Hirsch gefunden und in Gewahrsam genommen an einem Ort, an dem er jagdausübungsberechtigt war.

Trotzdem konnte das Ehrengericht den Angeschuldigten in diesem Falle nicht freisprechen, denn es gibt noch weiteres geschriebenes und ungeschriebenes Recht, dessen Verletzung gleichzeitig eine Verletzung der Ehre und des Ansehens der Jägerschaft darstellt. Solche Bestimmungen gibt es bezüglich des Auffindens eines Rothirsches in größerer Zahl. Dazu gehört in erster Linie die eingehende Klärung des Sachverhalts: Wie ist der Hirsch an die fragliche Stelle gekommen?

Der Beschuldigte hat nicht einmal den Versuch einer Aufklärung des Sachverhalts unternommen. Er hätte von dem Fundort aus die Fährte des Hirsches, soweit sie durch sein Jagdgebiet geht, ausarbeiten müssen. Dabei hätte er die Art der Fluchten und die sonstigen Pirschzeichen an der Fährte feststellen müssen, um zu prüfen, ob etwa der Hirsch angeschossen gewesen ist. Er hätte auch auf eventuelle Fluchtspuren von Hunden neben der Hirschfährte achten müssen. Er hatte auch die Pflicht, den Fund zu melden, und zwar den verschiedensten Stellen. Zu diesen Stellen gehören in erster Linie seine beiden Mitpächter. Diesen Mitpächtern hat er unstreitig keine Meldung gemacht, sie haben also zur Aufklärung des Sachverhalts nichts beitragen können, was ihre Pflicht gewesen wäre, wenn der Beschuldigte ihnen den Sachverhalt erzählt hätte. Daß der eine nicht erreichbar und er mit dem anderen stark verfeindet war, durfte ihn nicht abhalten, eine entsprechende Meldung zu machen, denn höher als die eigenen Interessen und Verhältnisse des Beschuldigten stehen hier die Belange des Wildes und der Jagdgesellschafter. Diese Jagdberechtigten müssen auf alle Fälle von einem solchen Fund unterrichtet werden, damit sie Maßnahmen gegen die vielleicht vorliegende Wilderei, sei es durch Hunde, sei es durch Menschen, treffen können.

Die andere Stelle, die der Beschuldigte auf alle Fälle benachrichtigen mußte, war die zuständige Jagdbehörde. Auch eine Benachrichtigung des Kreisjägermeisters und des zuständigen Hegeringleiters sei nicht erfolgt. Dies sei aber eine Ehrenpflicht gewesen, damit auch diese Personen in der Lage gewesen wären, den Tatbestand aufzuklären und, wenn sie dabei irgend eine Wilddieberei feststellen würden, die nötigen Gegenmaßnahmen zu ergreifen. Unterläßt der Jäger, der einen solchen Fund macht, die Mitteilung an die bezeichneten privaten oder amtlichen Stellen, so macht er sich der Beihilfe zur etwa vorliegenden Wilderei schuldig, denn es kann nunmehr nichts unternommen werden, was etwa die Hunde oder die Menschen von ihrem Tun abhalten könnte.

Die Mitschuld an der Fortsetzung eines solchen etwa bestehenden Zustandes verstößt aber schwer gegen die Ehre und das Ansehen der Jägerschaft, weil diese sich mit allen Mitteln für die Bekämpfung der Wilderei durch Menschen

Zerlegte Wildererwaffe mit Zubehör, unter Rock zu tragen

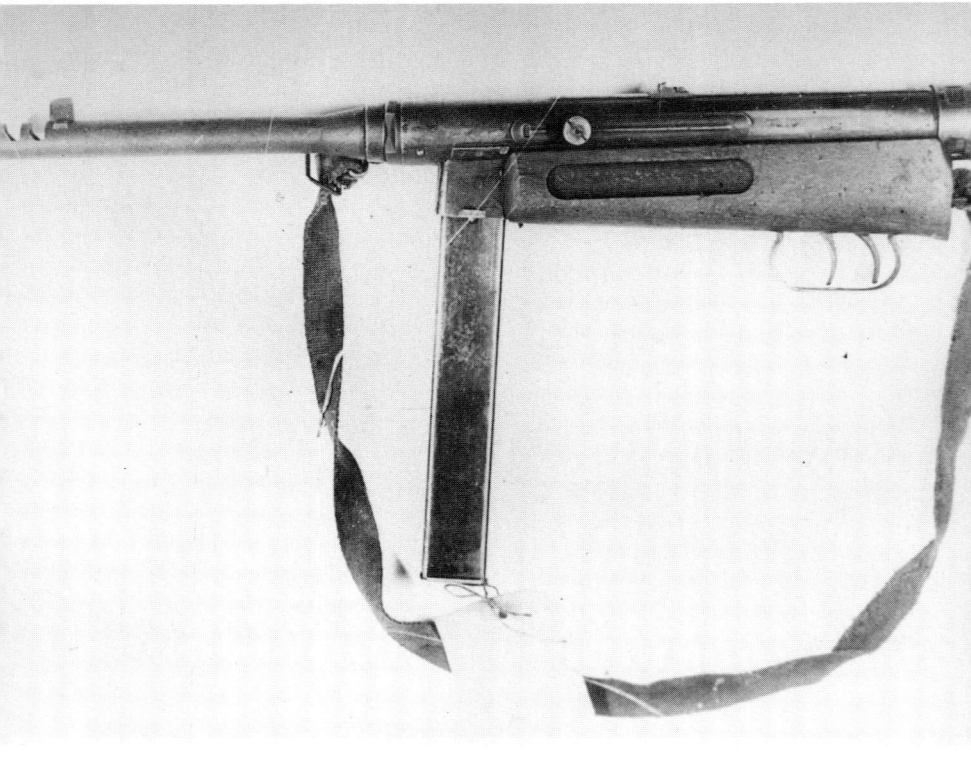

Primitiv verkürzte Wildererwaffe mit Einsteckmagazin. Die Waffe wird unter der Kleidung getragen

Rechte Seite oben: Eine aus fünf Einzelteilen zusammengebastelte, zusammenklappbare Kleinkaliberbüchse

Rechte Seite unten: Die fünfteilige Waffe zerlegt, mit Patronen und Zubehör als Inhalt einer Aktenmappe

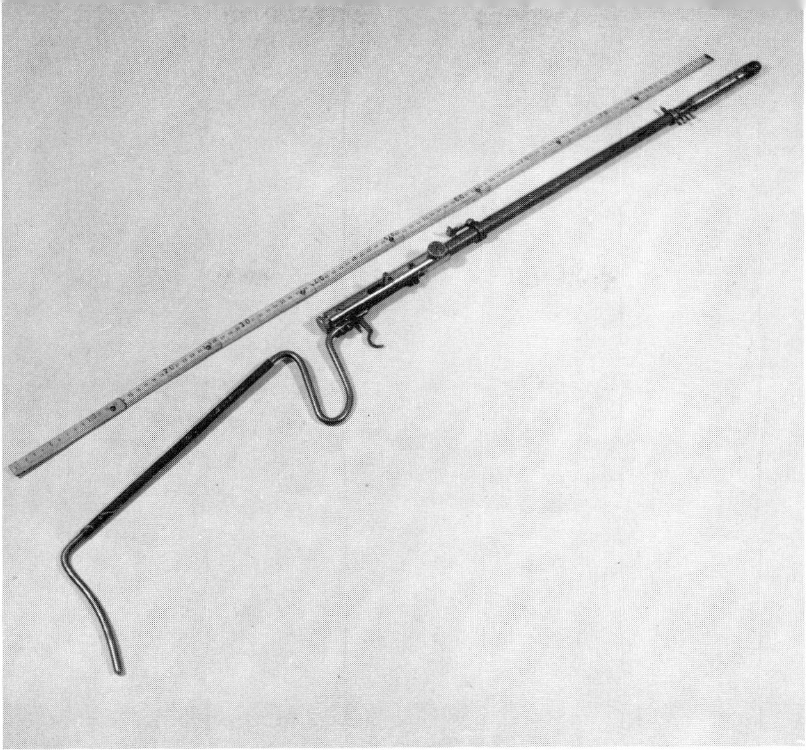

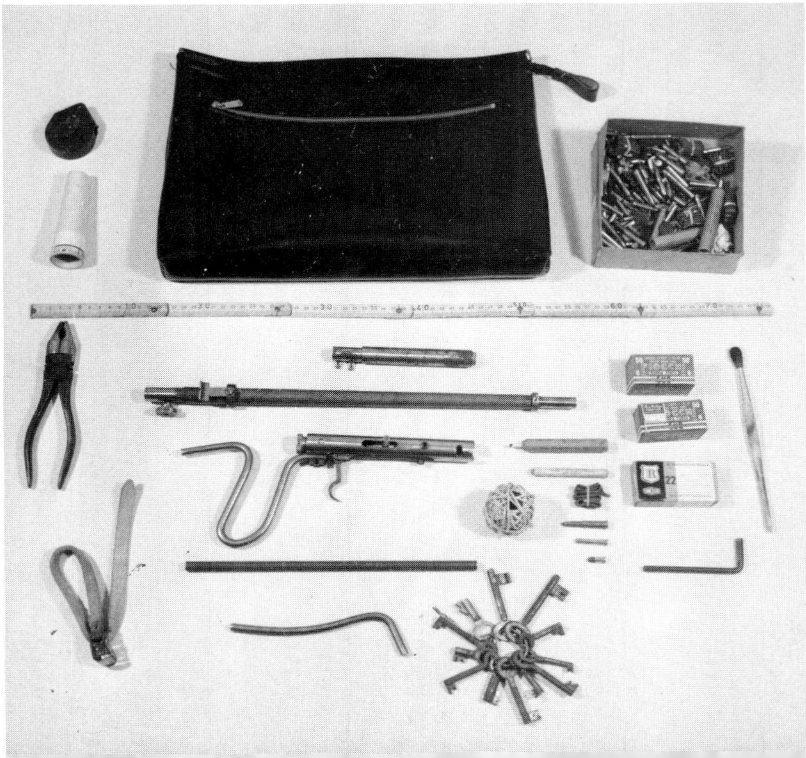

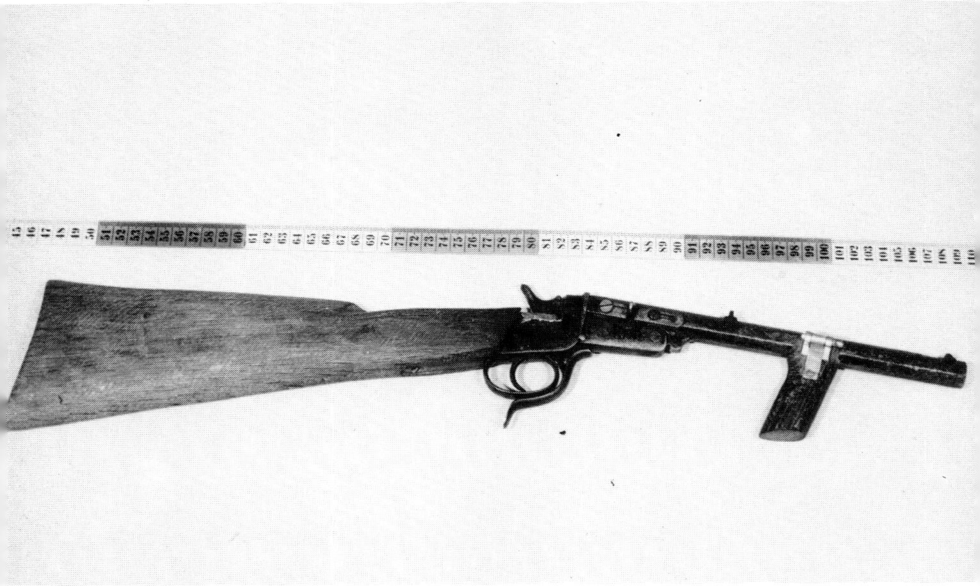

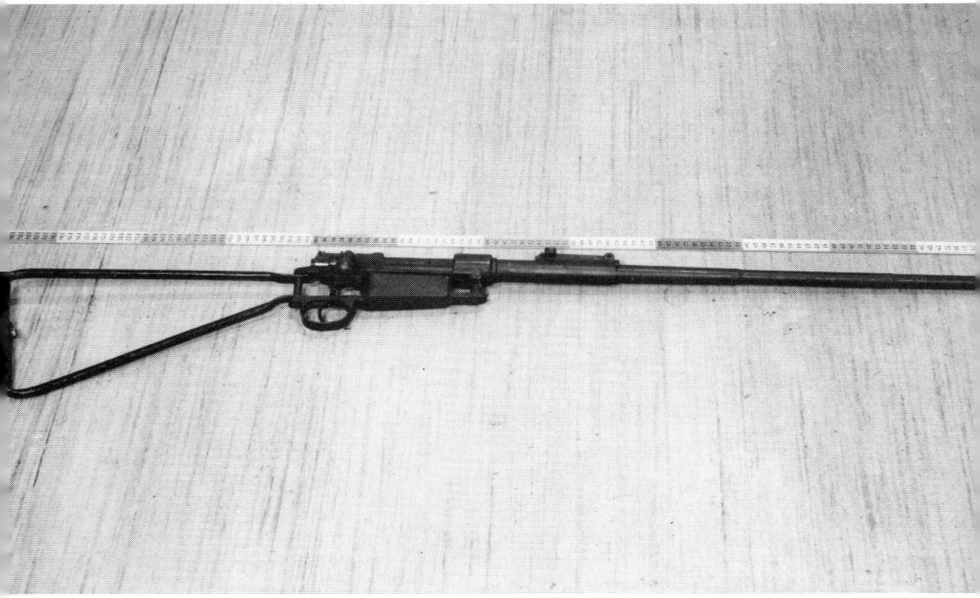

Von Wildererhand gefertigtes Selbstschußgerät am Wildwechsel aufgestellt. Ein Stück Luftpumpe fungiert hier als Vorderlader. Bei der Entzündung der Pulverladung wäre es zur Explosion der Vorrichtung gekommen!

Linke Seite oben: Aus einer Kipplaufbüchse hergestellte Waffe mit angefertigtem Laufgriff zum sicheren Zielen

Linke Seite unten: Aus einem Militärkarabiner gefertigte Waffe mit umklappbarem Metallersatzschaft

Schwere Schußverletzung durch Kleinkalibergeschoß. Das Reh war nicht nur stark gehbehindert, sondern auch von quälenden Schmerzen geplagt.

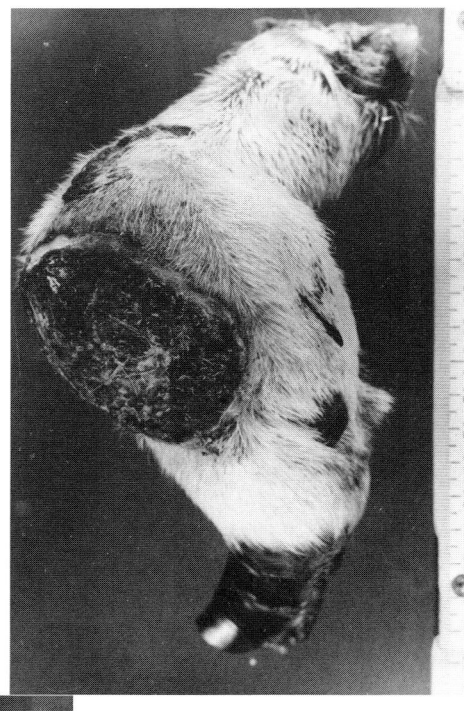

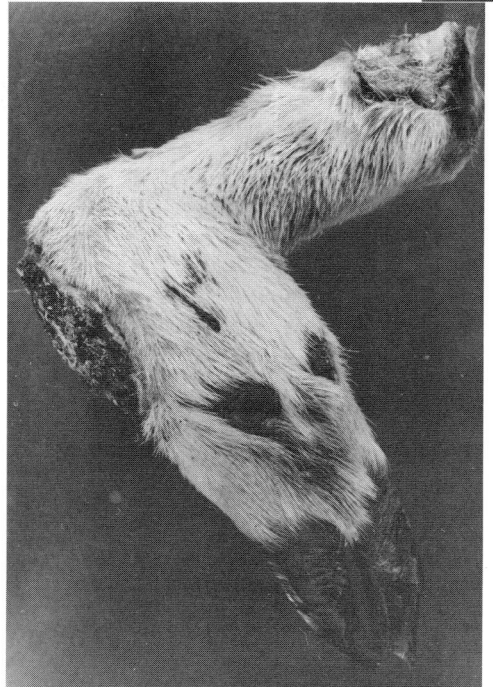

Rechte Seite oben: Mit Kleinkaliber gewildertes Reh, im Kofferraum eines Personenkraftwagens entdeckt!

Rechte Seite unten: Verendet gefundener Rehbock mit vom Wilderer aufgeschossener Bauchdecke. Wie lange mag sich dieses Tier gequält haben?

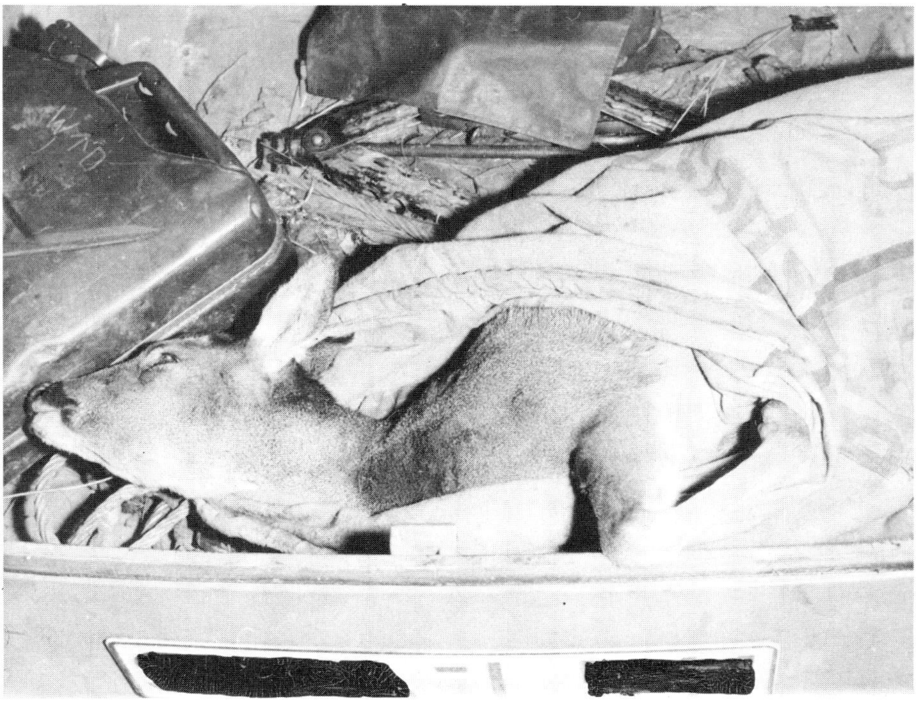

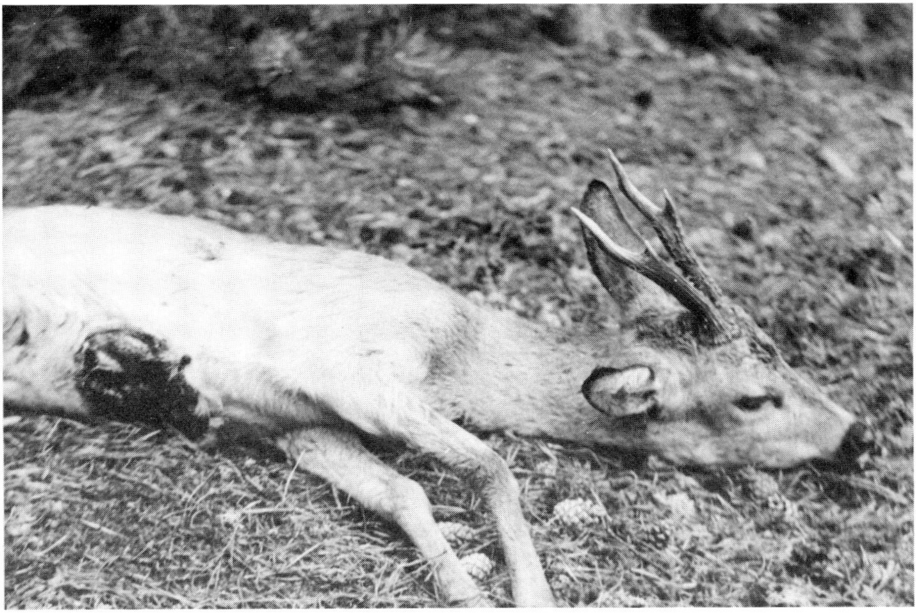

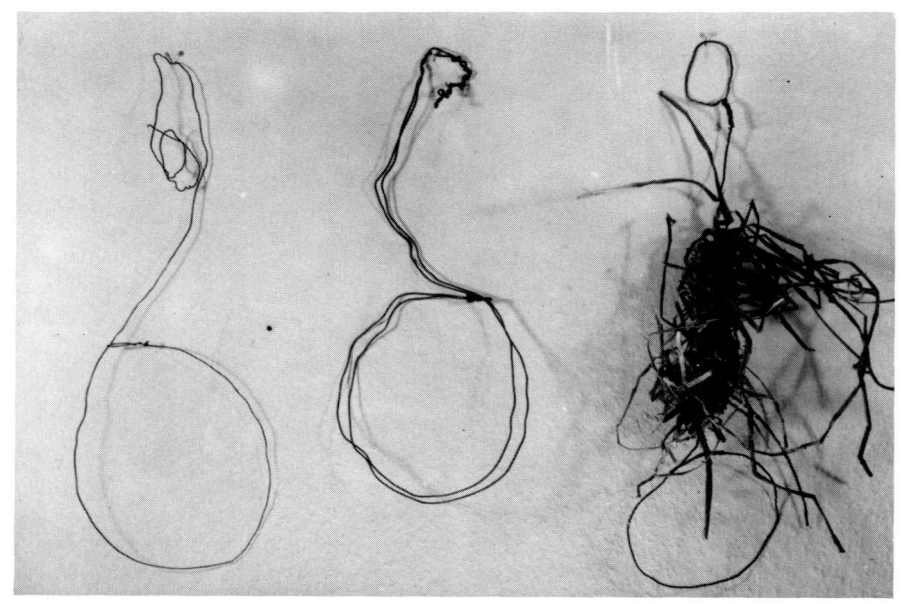

Im Rucksack eines Wilderers gefundene und sichergestellte Schlingen

Rechte Seite oben: Ein Reh hängt grausam erdrosselt in einer Schlinge . . .

Rechte Seite unten: Im Morgengrauen schleppt der Wilderer es weg, wird aus dem „Ansitz" heraus fotografiert und wenig später festgenommen.

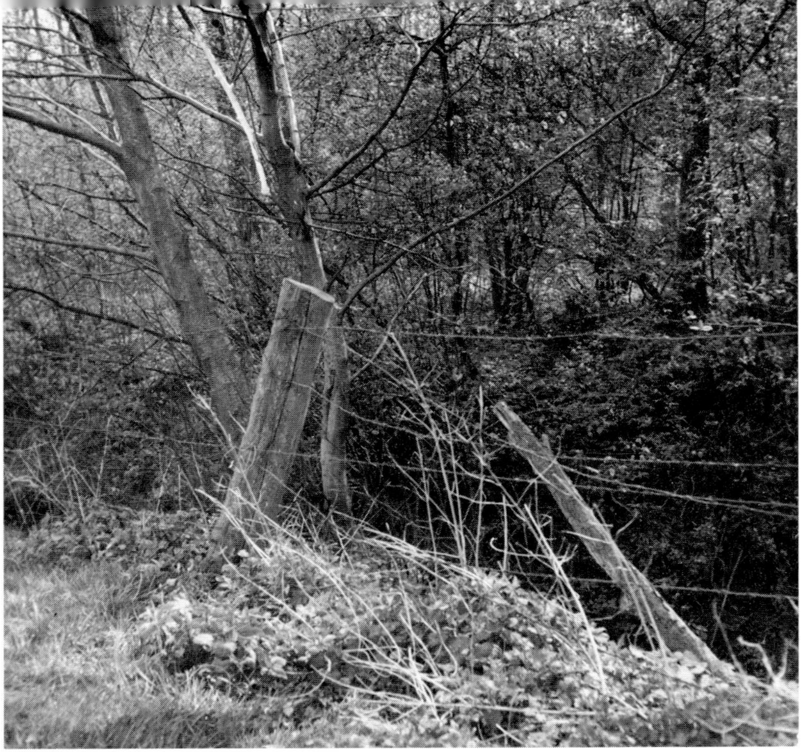

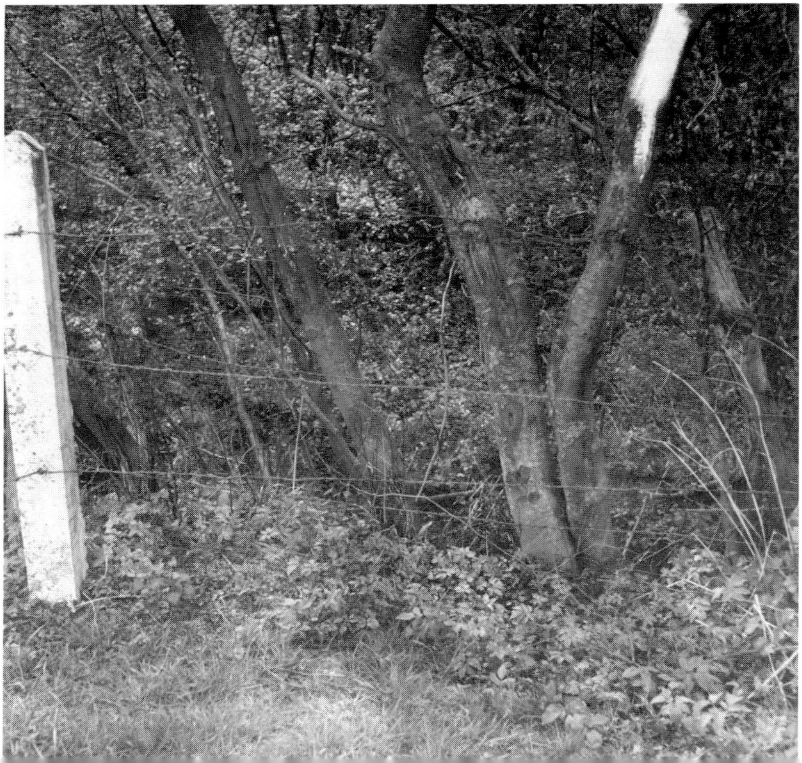

Linke Seite oben: Die am Rehwildwechsel gestellte Schlinge ist fast unsichtbar. Der Wilderer hat sich ein sichtbares Zeichen gemacht, indem er einen Ast entrindet hat. So kann er die Stelle auch in der Dämmerung oder bei Mondschein wiederfinden.

Linke Seite unten: Kaum sichtbare Schlinge mit Sichtmarke an einem Pappelstamm. Da auch die Zaunpfähle weiß waren, fiel die Sichtmarke kaum auf.

Oben: In Schlinge strangulierte hochtragende Ricke nach langem Todeskampf.

Unten: In einer nicht mehr kontrollierten Schlinge hatte sich ein Hund gefangen – welch ein grausiger Anblick. Das Tier ist zum Teil bereits skelettiert.

Schlinge am Kaninchenbau, vom Wilderer nicht mehr kontrolliert. Das gefangene Tier ist bereits verwest.

Tellereisen mit den Resten von Rehläufen. Das Tier hat sich erst nach Tagen befreien können, muß dann aber auf den amputierten Stümpfen, bei offenen Knochenbruchstellen, davongelaufen sein – welch eine Qual!

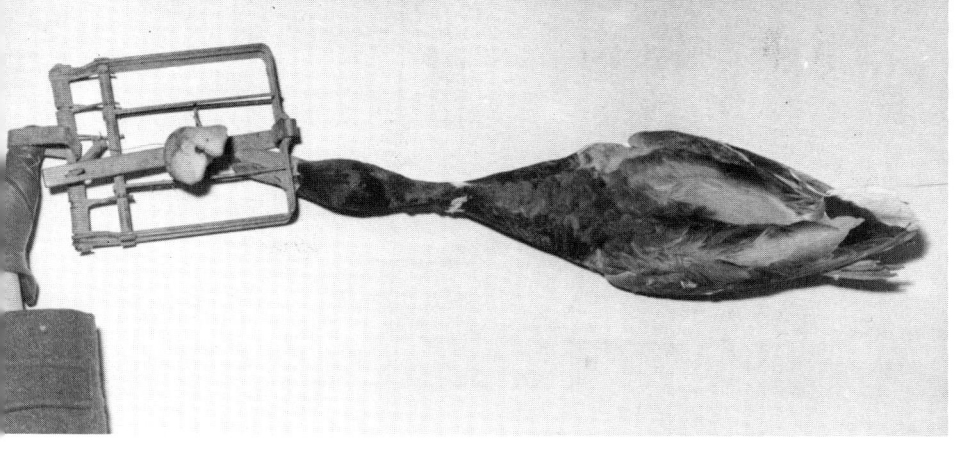

Eine Wildente in der Falle – kein Kommentar!

Stahldrahtschlinge für Hasen und Wildkaninchen. Die Drahtschlinge ist an einer gefederten Rolle im Gehäuse verankert. Wenn das Wild in der Schlinge sitzt, wird die gefederte Rolle ausgelöst und zieht das geschlingte Wild fest an das Gehäuse. Somit wird durch den starken Zug das geschlingte Wild erdrosselt und ein Klagen (Schreien) unmöglich gemacht.

109

Anerkennungsmedaille des Allgemeinen Deutschen Jagd-Schutzvereins „für schneidiges Benehmen im Jagdschutz". Abbildung zeigt eine Medaille des Landesvereins Westfalen aus dem Jahre 1908, Vor-/Rückseite.

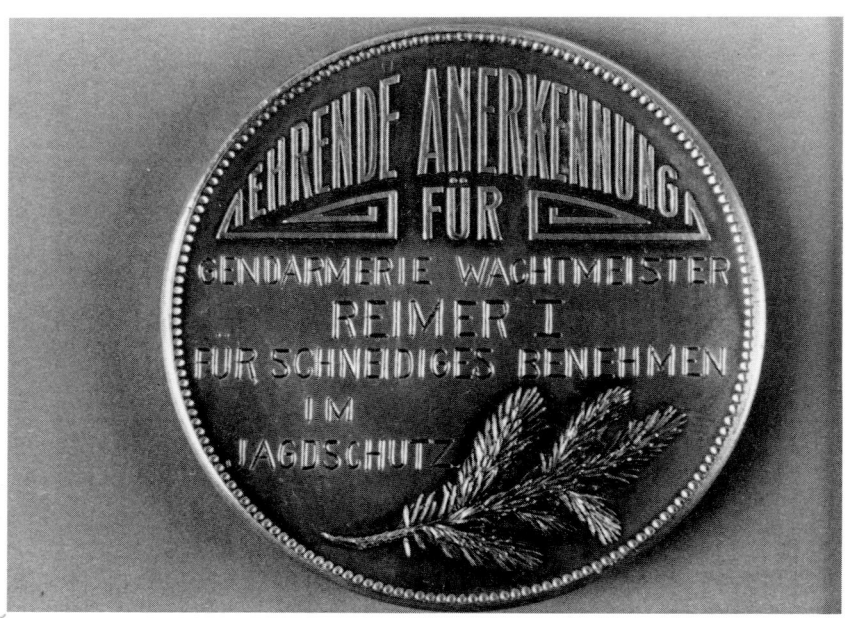

Grabplatte des Förstergrabes von Amelinghausen

Inschrift der Grabplatte

Revierforster Muller
und
Förster Werner,
am 29 Marz 1866
von Wilddieben
erschosten

Oben: Das „Wilderergrab" von Hohegeiß/Harz

Links: Der Stein vom Grabe Heinrich Aukams 1833. Rechts: Der Stein vom Grabe Christian Klapproths 1841

und Hunde einzusetzen hat. Die Verheimlichung des Hirschfanges gegenüber den nur rotwildaneignungsberechtigten Mitpächtern und somit die Nichteinhaltung des Pachtvertrages, weil Nachteile zu befürchten waren, machten den Beschuldigten im Sinne der Ehrengerichtsordnung strafbar. Das Ehrengericht hatte den Eindruck, daß beide Taten (Rehkitze und Rothirsch) bei Würdigung aller Umstände nur als Gelegenheitstaten anzusehen waren. Der Beschuldigte wurde mit Entziehung des Jagdscheins auf insgesamt fünf Jahre bestraft.

Bekämpfung des Wildererunwesens

Die Auslobung von Geld-, Sach- und Ehrenzeichenbelohnungen für Personen, die amtlich mit der Wildereibekämpfung befaßt waren, war seit altersher in weiten Teilen Deutschlands üblich. Die Spender waren entweder Landesfürsten oder jagdliche Organisationen, die selbst bis heute noch Ehrenzeichen verleihen, wie z. B. der Deutsche Jagdschutz-Verband, Bonn, der an bestimmte Personen den „Ehrenhirschfänger" verleiht. Aber auch staatliche Behörden vergaben Geld- und Sachpreise an verdiente Wildererbekämpfer.

Die Einschaltung der Bevölkerung in die Ermittlung von Wilderern gegen Zahlung von Geldprämien durch den Staat fand besonders im „Dritten Reiche" statt. Der Reichsjägermeister veröffentlichte am 2. Juni 1936 folgenden Runderlaß, der hier auszugsweise wiedergegeben wird:

„Bekämpfung des Wildererunwesens (Auslobungen)

Zur Unterstützung der Jagdschutzberechtigten bei der Bekämpfung der Wilderei ist es notwendig, die Bevölkerung heranzuziehen. Es kann daher an Personen, die durch ihre Angaben die rechtskräftige Verurteilung eines Wilderers herbeiführen, eine Geldbelohnung in der Höhe von 20 bis 200 RM gewährt werden . . .

Personen, die von Amts oder Dienst wegen zur Anzeige von Wildfrevlern verpflichtet sind, erhalten eine Belohnung nach dieser Auslobung nicht . . .

Um die Auslobung zur allgemeinen Kenntnis zu bringen, wird ein Plakat (in der Größe von 59×70 cm) hergestellt werden, das in den Diensträumen und an sonst geeigneten Örtlichkeiten auszuhängen ist . . ."

Ob überhaupt oder in welchem Umfange die deutsche Bevölkerung hier mitmachte, läßt sich nicht mehr nachprüfen.

In den Dreißiger Jahren nahm die Wilderei, vornehmlich mit Schußwaffen, eher zu als ab. Ein im abgelegenen Revier einer Wildererbande gegenüberstehender Förster oder Jäger ist auf sich allein angewiesen und in jedem Fall höchst gefährdet. Staat und Gesetzgeber haben seit jeher, wenn auch in unterschiedlicher Weise und Wirkung, den besonderen Schutz der Jagdschutzberechtigten dokumentiert. Als typisch aus jener Zeit mutet uns daher auch der nachfolgende Erlaß aus dem „Dritten Reich" an, der wegen seiner geschichtlichen Bedeutung den Lesern nicht vorenthalten werden soll.

„Bekämpfung des Wildererunwesens

RdErl. vom 21. Februar 1938, mit Gültigkeit für den Sudetengau ab 30. 12. 1941

(1) Der Wilderer ist ein Schädling an der Volksgemeinschaft, der gewerbs- und gewohnheitsmäßige Wilderer ein gemeiner Verbrecher, der erfahrungsgemäß auch auf Menschenleben keine Rücksicht nimmt und daher eine ständige Gefahr für die Beamten der Forst- und Jagdbehörden und

der Polizei bedeutet. Die Niederkämpfung des Wildererunwesens kann nur durch rücksichtslosen und nach einheitlichen Gesichtspunkten durchgeführten gemeinsamen Einsatz aller zur Verfügung stehenden Kräfte der Polizei und der Forst- und Jagdbeamten sowie durch eine stetige gegenseitige Verständigung der Polizeibehörden und der Forst- und Jagdbehörden erreicht werden . . . Es wird mit sofortiger Wirkung angeordnet, daß die Bekämpfung des Wildererunwesens für das gesamte Reichsgebiet einheitlich durchzuführen ist . . ."

Aus dem umfangreichen Erlaß werden hier nur die wichtigsten Passagen wiedergegeben bzw. kommentiert.

Für den mit diesem Erlaß geschaffenen einheitlichen Meldedienst und die dort einzurichtenden Karteien mußten die Ortspolizeibehörden und die Gendarmerien innerhalb von 24 Stunden den zuständigen Kriminalpolizei-Stellen folgende Angaben machen:

Meldung aller Personen, die überführt oder verdächtigt sind,

einen Forst- oder Jagdschutzbeamten während der Ausübung seines Dienstes angegriffen, verletzt oder getötet zu haben,

Wilderei begangen oder versucht zu haben,

alle Fälle der Wilderei, die aufgrund ihrer Ausführung offensichtlich über eine einmalige Gelegenheitstat hinausgehen, sowie diejenigen, die durch ihre Häufigkeit auf einen gewerbs- oder gewohnheitsmäßigen Täter hindeuten.

Gleichzeitig mit der Schaffung dieser „Wildererkarteien" wurden Kripo-Beamte in Sonderlehrgängen zur Wildereibekämpfung ausgebildet. Auch wurden, sicherlich erstmalig, spezielle Untersuchungsstellen geschaffen, die auch sachkundiges Personal unterhielten. So hieß es:

„Zur Beweissicherung sind vielfach Untersuchungen von Menschen und Tieren notwendig, die sich auf Blut, Haare bzw. Schweiß, Schnitthaare, Wildbret usw. erstrecken. Hierfür können durch Vermittlung des Reichskriminalpolizeiamts in Anspruch genommen werden:

a) das Institut für Jagdkunde in Berlin-Wannsee,

b) die Forschungsstätte Deutsches Wild, Werbellinsee.

Beide Institute führen die Untersuchungen kostenlos aus.

In jedem Falle ist sorgfältig zu prüfen, ob der Einsatz eines Fährtenhundes geboten erscheint. Im Walde bleiben die Bodenfährten verhältnismäßig längere Zeit unberührt, so daß im allgemeinen günstige Voraussetzungen für den Einsatz von Fährtenhunden gegeben sind.

Um die mit der Bekämpfung des Wildererunwesens bei den Kriminalpolizeistellen betrauten Beamten in die Lage zu versetzen, sich durch Sonderschulung weiter zu vervollkommnen, ist bei jeder Kriminalpolizeistelle dienstlich eine der anerkannten Jagdzeitschriften:

Die Deutsche Jagd, Neudamm,
Wild und Hund, Berlin, Parey-Verlag,
Der Deutsche Jäger, München,
Deutsches Waidwerk, Wien,

zu halten. Die Auswahl bleibt den Polizeistellen überlassen.

Die Forst- und Jagdbehörden haben den Beamten mit Sonderausbildung die Möglichkeit zur Jagdausübung zu verschaffen und Gelegenheit zur Teilnahme an Veranstaltungen der Deutschen Jägerschaft zu geben . . .“

Gerade bei den jüngeren Lesern könnte jetzt der Verdacht aufkommen, daß die gesamte Wildereibekämpfung in die Hände der Kripo gelegt worden wäre. Dem war aber nicht so. Die Bekämpfung der Wilderei im Revier – unbeschadet der zu erstattenden Meldung – lag nach wie vor entsprechend den gesetzlichen Grundlagen und den Dienstvorschriften in den Händen der Forstbeamten und der mit dem Forst- und Jagdschutz Beauftragten. Allerdings standen die Forstbeamten des Staates und der Gemeinden der Polizei auf Anordnung des Forstmeisters (Forstamt) oder seiner vorgesetzten Dienststelle zur Unterstützung zur Verfügung. Die übrigen Jagdschutzberechtigten, insbesondere Berufsjäger und Jagdaufseher, standen auf Anforderung des Kreisjägermeisters der Polizei zur Unterstützung zur Verfügung.

Die Forst- und Jagdbehörden hatten sich die Weiterbildung der ihnen unterstehenden Beamten in der Bekämpfung des Wildererunwesens „angelegen sein zu lassen". Sie hatten zu diesem Zweck gelegentlich dienstlicher Besprechungen, bei Jägerversammlungen usw. Vorträge oder besondere Unterrichtskurse anzusetzen. Hierbei standen ihnen die Kripo-Beamten mit Sonderausbildung zur Mithilfe zur Verfügung.

Die DEVA gibt ein Gutachten ab

Ein altes Spezialistensprichwort lautet: „Wer das Geschoß hat, hat auch den Täter!"

Jagdkriminalisten waren daher auch stets daran interessiert, beim Auffinden von mit Schußwaffen gewildertem Wild ein evtl. im Wildkörper steckengebliebenes Geschoß oder auch nur Teile davon sicherzustellen. Wenn im weiteren Verlauf kriminalistischer Untersuchungen Waffen bei tatverdächtigen Personen gefunden werden, so können technische Untersuchungen in den meisten Fällen die Frage klären, ob das oder die gefundenen Geschosse aus dieser oder jener vorgefundenen Waffe verschossen worden sind. Das klingt zunächst unglaubwürdig, zumal wenn man bedenkt, daß ein hochmodernes Geschoß mit Geschwindigkeiten bis zu 1 000 m/s in den Wildkörper eindringt, d. h., daß das Geschoß nach Verlassen der Laufmündung beim Auftreffen auf den Zielkörper eine Geschwindigkeit von 1 000 Metern in der Sekunde hat. Dadurch kommt es je nach dem Widerstand im Wildkörper (Haare, Decke, Gefäße, weiche und harte Knochen) zu mehr oder weniger starken Deformationen, die u. U. sogar zur totalen Zersplitterung des Projektils führen können. Im Normalfall jedoch verbleiben wesentliche Geschoßteile, wie z. B. der Geschoßboden, im Wildkörper, wenn das beschossene Stück nicht einen „Ausschuß" hat, d. h., daß das Geschoß den Wildkörper durch den Ausschuß wieder verlassen hat. Bleigeschosse, die auf Knochen treffen, wie auch Kleinkaliber-Bleigeschosse verbleiben bei stärkerem Wild, etwa Rehwild, in vielen Fällen im Wildkörper.

Führend auf dem Gebiete der Waffen- und Geschoßuntersuchungen war früher die „Deutsche Versuchsanstalt für Handfeuerwaffen e. V." in Berlin-Wannsee. Ihre Nachfolgeeinrichtung heißt „Deutsche Versuchs- und Prüf-Anstalt für Jagd- und Sportwaffen (DEVA)" mit Sitz in 4791 Altenbeken-Buke. Aber auch jede Kriminaltechnische Untersuchungsstelle bei den Landeskriminalämtern führt heute solche Untersuchungen durch. Ein Beispiel der Kleinarbeit zeigt nachfolgender Bericht.

Der Preußische Forstmeister des Forstamtes Clausthal-Zellerfeld übergab der Deutschen Versuchsanstalt einen Roux-Hahn-Drilling, Fabrikat Robert Schrader, Göttingen, Nr. . . ., Kal. 16/9,3×82 R, ferner 2 Geschosse, die aus einem Stück Rotwild stammten, und eine geladene Patrone 9,3×82 R. Die Versuchsanstalt wurde beauftragt zu untersuchen, ob die beiden in dem Hirsch gefundenen Geschosse aus dem mit eingesandten Drilling verfeuert worden waren oder nicht. Hierzu bedurfte es vor allem der Feststellung, ob an den zu vergleichenden Geschossen nicht grobe Merkmale vorhanden waren, die eine Identität von vornherein ausschlossen. Eine Voruntersuchung in dieser Beziehung ergab:

„1) Die in dem Hirsch gefundenen Geschosse sind Kupfermantelgeschosse Kal. 9,3 mm, Fabrikat Christoph Funk-Suhl, wie der Bodenstempel ausweist. Das in der zum Vergleich mitgesandten Patrone befindliche Geschoß stimmt in dieser Beziehung mit dem in dem Hirsch gefundenen überein.

2) Die in dem Hirsch gefundenen Geschosse weisen 8 Züge auf. Der Kugellauf des eingesandten Drillings hat ebenfalls 8 Züge.

Wenn auch schon von vornherein eine Übereinstimmung mit diesen beiden Punkten auf die Identität hinweist, so ist damit noch nicht erwiesen, daß die Identität auch tatsächlich besteht.

Zur genauen Untersuchung in dieser Hinsicht dienen folgende, von der Fabrikation herrührende Besonderheiten:

In jedem Lauf sind in den Zügen und Feldern gewisse besondere Unebenheiten vorhanden in Form von feinen Furchen und Längsrippen. Solche Furchen und Längsrippen entstehen während der Bearbeitung des Laufinneren (beim Ziehen und Schmirgeln) und sind in manchem Lauf in besonders eindrucksvoller Form vorhanden. Außerdem wird die eine Waffe mehr benutzt und auch mehr oder weniger geputzt, so daß sich mit der Zeit die Felderkanten entsprechend abschleifen.

Wird ein Geschoß aus einem Lauf verfeuert, so prägen sich auf der Oberfläche des Geschosses nicht nur die Felder und die Züge des betreffenden Laufes ein, sondern ebenfalls

auch die Spuren jener von der Laufbearbeitung herrührenden Furchen und Längsrippen etc. Die aufgeführten besonderen Merkmale im Laufinnern kehren bei verschiedenen
Läufen niemals völlig gleichartig wieder, selbst wenn mehrere Läufe mit gleichem Werkzeug usw. gleichmäßig bear-
beitet werden. Außerdem werden diese Merkmale – falls
einmal zwei Waffen der gleichen Art hintereinander gefer-
tigt sein sollten – infolge der verschiedenen Benutzung und
Reinigung, wie bereits angeführt, dadurch mehr oder weniger verwischt bzw. abgeändert. Infolgedessen kann auch
die Oberfläche von aus gezogenen Läufen verfeuerten
Geschossen niemals völlig gleiche Merkmale haben, wenn
solche Geschosse aus verschiedenen Läufen verfeuert sind.
Haben dagegen beispielsweise zwei Geschosse auf ihrer
Oberfläche übereinstimmende besondere Merkmale, so
kann je nach dem Maß ihrer mehr oder minder deutlichen
Übereinstimmung mit mehr oder minder großen Sicherheit
geschlossen werden, daß die aus dem gleichen Lauf verfeuert worden sind.

Da nun aber bei mehreren Schüssen von Schuß zu Schuß
der Gasdruck gewissen Schwankungen unterworfen ist, da
die Verschmutzung des Laufinneren durch Pulverrück-
stände und Ablagerungen vom Geschoßmantel hierbei
etwas wechselt, da sich die Geschosse beim Eindringen in
das Ziel verschieden stauchen und dementsprechend ihre
Form verändern können, und weil schließlich gleichartige
Geschosse gleichen Fabrikates im Durchmesser innerhalb
der Toleranzen schwanken, kehren bei mehreren, auch aus
gleichem Laufe verfeuerten Geschossen alle darauf hinter-
lassenen Einprägungen nicht immer mit völliger Gleich-
heit, sondern nur in ihren hauptsächlichen Merkmalen
wieder. Das Gleiche gilt für die Breite der Zug-Feldrein-
drücke auf dem Geschoß, welche besonders infolge des
verschiedenen Stauchungsgrades der Geschosse beim Eindringen in das Ziel und durch die Werkstoffbeschaffenheit

des Geschoßmantels und des Bleikerns gewissen Unterschiedlichkeiten unterworfen sein kann.

Zur Durchführung der für den vorliegenden Fall erforderlichen Untersuchung wurden von uns Geschosse der gleichen Art mit derselben Pulverladung aus dem uns eingesandten Drilling verfeuert und so aufgefangen, daß ihre Oberfläche nach dem Verlassen des Laufes möglichst wenig verändert wurde.

In Anbetracht aller angeführten Gesichtspunkte wurden dann die in dem Hirsch gefundenen Geschosse mit den beiden von uns aufgefangenen Vergleichsgeschossen genauestens verglichen. Unter dem Mikroskop konnten wir bei dem einen in dem Hirsch gefundenen Geschoß, das mit Grünspan überzogen ist, keine feinen Merkmale mehr erkennen, so daß dieses Geschoß für die genaue Untersuchung ausscheidet. Für dieses Geschoß gelten daher nur die eingangs erwähnten groben Merkmale, die eine Übereinstimmung mit unseren Vergleichsgeschossen nicht in Frage stellen.

Das zweite in dem Hirsch gefundene Geschoß weist dagegen die nötigen feinen Merkmale in reichlicher Anzahl auf. Die beiden von uns aufgefangenen Geschosse (das eine verschossen aus trocken gewischtem Lauf, das andere verschossen, ohne den Lauf vorher von dem vom vorhergehenden Schuß herrührenden Pulverrückständen zu befreien) zeigen sowohl in den Feldereindrücken als auch in den in den Zügen sitzenden feinen Merkmalen so deutliche Übereinstimmung mit den auf dem im Hirsch gefundenen Geschoß befindlichen Merkmalen, daß mit absoluter Sicherheit gesagt werden kann, daß das in dem Hirsch vorgefundene Geschoß ohne Grünspan aus dem uns eingesandten Drilling Nr. . . . verschossen worden ist.

Deutsche Versuchsanstalt
für Handfeuerwaffen e. V. in Wannsee"

Die Zeit der Besatzungsmächte ab 1945

Jagdschutz ohne Waffen
Polizeimeister Stein wird erschossen

Die noch jugendliche Landesforstverwaltung Niedersachsen nach dem zweiten Weltkrieg nannte sich „Landesforstamt beim Oberpräsidenten der Provinz Hannover" und befand sich in einer Baracke in Sarstedt. Am 13. 6. 1946 teilte diese Behörde den Kreisjagdbeauftragten (Kreisjägermeister nannten sie sich noch nicht wieder) mit, daß die Wilddieberei in jeder Form nach vorliegenden Berichten aus allen Teilen der Provinz in erheblichem Umfange zugenommen habe. Eine wirksame Bekämpfung sei zum Schutze des Wildes und zur Aufrechterhaltung der Ordnung unbedingt erforderlich. Es wurde gebeten, den Hinweis des Landesforstamtes zur Heranziehung und Mitarbeit der Kriminalpolizei mehr zu beachten. Das Kriminalpolizeiamt, Region Hannover, hatte sich bereit erklärt, die Bekämpfung des Wildererunwesens jeglicher Art tatkräftig zu unterstützen und auf Anforderung Spezialbeamte zu entsenden, die besonders in der Wilddiebsbekämpfung Ausbildung und Erfahrung besaßen. Diese Möglichkeit bestand in gleicher Weise für die Wilddiebsbekämpfung in den Staatsforsten wie auch in den Privatrevieren.

Die Erfolge der Beamten waren natürlich bei den chaotischen Verhältnissen der Nachkriegsjahre wie Tropfen auf den heißen Stein. Der „Chef der Polizei im Regierungsbezirk Hildesheim" z. B. reagierte auf den Aufruf des Landesforstamtes und teilte diesem am 3. 8. 1946 mit:

„Hier ist bekannt, daß das Wildererunwesen an Umfang zugenommen hat, besonders die Schlingenstellerei. Diese schädlichste Art der Wilddieberei wird in der Hauptsache von Ausländern begangen. Durchgreifende Maßnahmen gegen diese Schädlinge sind bei der augenblicklichen Lage außerordentlich schwierig. Bisher haben nur die jagdlich interessierten Polizei-Beamten der Wilddiebsbekämpfung ihr besonderes Interesse gewidmet. Der Schwerpunkt des polizeilichen Sicherheitsdienstes liegt gegenwärtig in der Sicherung der Ernte. Ich habe nunmehr, Ihrer Anregung folgend, allen Polizei-Beamten des Regierungsbezirks die Bekämpfung des Wildererunwesens zur Pflicht gemacht. In Kürze werden bei allen Dienststellen Vorträge über Wilddiebsbekämpfung gehalten, wozu auch die Herren Kreisjagdbeauftragten geladen werden. Ich nehme an, daß sich aus dieser ersten Annäherung eine gute und gedeihliche Zusammenarbeit ergeben wird.

Was die Frage der Zulassung von Kraftfahrzeugen für die Herren Kreisjagdbeauftragten betrifft, können Sie meiner Unterstützung gewiß sein. Allerdings führten die zwischen dem Leiter des Straßenverkehrshauptamtes beim Regierungspräsidenten und mir geführten Verhandlungen noch zu keinem Erfolg, weil z. Z. auf Anordnung der Militär-Regierung 20 % des gesamten Kraftfahrzeugbestandes im Regierungsbezirk stillgelegt wird. Zweifelsohne ein ungünstiger Zeitpunkt für die berechtigten Wünsche, die auch von seiten des Herrn Regierungspräsidenten als solche angesehen werden. Ich werde die Anregungen in 4 Wochen wiederholen und zu ggb. Zeit Nachricht geben."

Dieser gute Ansatz wurde leider bereits im Dezember 1946 wieder zerstört. Die Kriminalpolizei Hannover teilte mit, daß nach der Reorganisation der deutschen Polizei die Polizeigebiete in sich selbständig und nicht an Weisungen übergeordneter Dienststellen gebunden seien, und daß es ihr daher leider nicht mehr möglich sei, ohne weiteres den

Einsatz von Spezialbeamten anzuordnen. Alle in der Zwischenzeit an diese Dienststelle gerichteten Ersuchen um Entsendung von Spezialbeamten zur Aufklärung von Wilddiebereien seien daher als erledigt anzusehen. Den Forstbeamten bzw. den Kreisjagdbeauftragten blieb nur die Möglichkeit, mit den örtlichen Polizeidienststellen bzw. -posten Verbindung aufzunehmen. Es war zum Verzweifeln. Der Dienst im Busch wurde immer gefährlicher!

Am 1. August 1947 saß Revierförster D. mit einem englischen Offizier, der geführt werden mußte, am Steinkopf im Harz auf dem Ansitz. Gegen 20.45 fiel in Richtung Sonnenkopf ein Gewehrschuß. Daraufhin setzten sie sich am anderen Abend auf dem Sonnenkopf an. Um 18.45 kam ein geringer Hirsch im Bast aus der Dickung und flüchtete geradewegs auf die beiden zu. Als er etwa 10 Meter entfernt an ihnen vorbeiwechselte, erkannten sie, daß er auf dem rechten Blatt eine starke Schußverletzung hatte. Einen Schuß anzubringen, war nicht möglich, da der Hirsch gleich darauf verschwand. Sie beobachteten nun scharf in der Richtung, aus der der Hirsch gekommen war, denn sie vermuteten, daß der Hirsch verfolgt werden würde.

Richtig, nach wenigen Minuten sahen sie etwa 300 Meter entfernt, durch Zweige und Bäume verdeckt, einen Kerl, welcher mit den Augen den Hang absuchte. Er verschwand nach einigen Sekunden, so daß die beiden ihn nicht erkennen konnten.

Zurück im Forsthause, erfuhr der Förster von seinem Sohn, den er zur Beobachtung auf einen anderen Hochsitz gesetzt hatte, daß auch an diesem Abend um 18.15 auf dem unteren Sonnenkopf wieder ein Gewehrschuß gefallen war. Eine Nachsuche am anderen Morgen vor Ort blieb ohne Erfolg. Obwohl der Hirsch wiederholt vom Hunde des Försters gestellt wurde, sprang er jedesmal beim Näherkommen wieder ab, da in der durch Schneebruch verwüsteten Dickung ein Anpirschen nicht möglich war.

Der Förster vermutete, daß Wilddiebe diesen Hirsch am 1. August 1947 auf dem oberen Sonnenkopf angeschossen hatten, und zwar spitz von vorn, so daß die Wunde am Blatt kein Durchschuß war, denn sonst wäre die Verletzung unbedingt tödlich gewesen. Nach Lage der Verhältnisse war anzunehmen, daß die Wilddiebe den Hirsch am 2. August auf der Nachsuche wieder hochgemacht und vorbeigeschossen hatten. Ein solcher Hirsch muß unter entsetzlichen Qualen verenden.

Wieder war es unser Förster, der im Bereich seines Forstamtes Sieber/Harz auf die Spuren schändlicher Wilderer stieß. Am 15. August 1947 kam abends ein junger Mann, welcher in der Göttinger Skihütte wohnte, zu ihm ins Forsthaus und berichtete, daß er etwa 200 m oberhalb der Hütte an der Straße einen kranken Hirsch gefunden habe, der dort liege. Der Förster fuhr mit seinem Motorrad zur angegebenen Stelle und fand dort einen Achterhirsch im Bast mit einer furchtbaren Schußverletzung am unteren Halsansatz. Die überhandgroße Wunde wimmelte von Maden und Schmeißfliegen. Der Hirsch konnte nicht mehr hoch und hob selbst den Kopf nicht mehr. Nur am Atem sah man, daß er überhaupt noch lebte. Der Grünrock befreite den Hirsch mit einem Kopfschuß von seinen schrecklichen Qualen.

Die Schußverletzung war etwa 2 bis 3 Wochen alt und rührte ohne Zweifel von Wilddieben her. Der Hirsch war stark abgekommen. Man kann sich kaum vorstellen, daß das arme Tier sich zwei bis drei Wochen, von Fliegen und Schmerzen geplagt, gequält hatte.

Im Forstamt Sieber passierte dann auch das Entsetzliche: „An die Bevölkerung des Oberharzes. Wie schon gemeldet, wurde am Sonnabend, dem 23. August 1947 gegen

18.30, der Polizeimeister Stein von Wilddieben, die er auf einer Streife verfolgte und stellte, erschossen. Zur Aufklärung des Verbrechens und zur Ergreifung des Täters wird die Bevölkerung dringend um Mithilfe gebeten. Das Ministerium des Innern des Landes Niedersachsen hat 5 000 RM als Belohnung ausgesetzt.

1. Wer kennt Personen, die Wilddieberei ausüben?

2. Wer kennt solche, die unter der Hand Wildbret abgeben oder veräußern?

3. Wer kann Personen angeben, die sich durch ihr Verhalten nach der Tat verdächtig gemacht haben?

4. Wer ist der Mann, der von Schluft kommend, um 18 Uhr mit dem Polizeimeister sprach und dann wieder nach Schluft umkehrte?

5. Wer kennt jemanden, der Schußwaffen besitzt?

6. Wer hat sich am Sonnabendnachmittag in der Nähe des Tatortes aufgehalten und Beobachtungen gemacht, die mit dem Morde in Zusammenhang stehen können?

Der Tatort liegt in der Staatsforst des Forstamtes Sieber in der sogenannten verlängerten Schloßkappe an der Straße von Herzberg nach Clausthal-Zellerfeld. Die Mordkommission, zur Zeit in der Försterei Königshof, nimmt alle Mitteilungen entgegen."

Dieser gemeine Mord löste nicht nur bei Jägern und Förstern, sondern bei der gesamten Bevölkerung Empörung und Abscheu aus. Ein Gedenkstein hält das Geschehen bis heute lebendig.

Viel Schneid besaßen die beiden jungen Forstschüler W. und G. aus der Forst- und Waldarbeitsschule Münchehof im September 1947, als sie sich auf dem Weg durch den Wald zum „Iberger Kaffeehaus" befanden und dabei einen

Büchsenschuß aus westlicher Richtung hörten. Nach dem Schall zu schließen, konnte der Schuß nur in unmittelbarer Nähe des Forstamtes Bad Grund abgegeben worden sein. Sie gingen in Richtung des Schalles weiter und hofften, etwas über die Ursache des Schusses zu erfahren. Als sie nach Überschreiten der Grenze etwa hundert Meter auf einem durch zwei Dickungen führenden, ziemlich zugewachsenen Waldweg weitergegangen waren, sah W. durch Zufall, eine Pflanzreihe entlang sehend, eine Bewegung und erkannte auf vierzig Meter Entfernung einen Mann, der vorsichtig in ihre Richtung sah und die beiden ebenfalls bemerkt zu haben schien. W. vermutete sofort einen Wilddieb, erkannte auch etwas am Boden liegendes Rotes, was ihn in seiner Annahme nur bestärkte. Der Kerl mußte die beiden Forstschüler auch erkannt haben, denn er hob etwas vom Boden auf und versuchte, sich hinter eine Fichte zu schieben.

Daraufhin gingen die beiden kurz entschlossen auf den Kerl zu – was sicherlich lebensgefährlich war! Beim Näherkommen bemerkte G. einen zweiten Kerl, der dunkel gekleidet war, und der mit dem anderen sofort die Flucht ergriff. Die Dickung ermöglichte ihnen ein leichtes Entkommen, so daß ein weiteres Erkennen nicht mehr möglich war. Die Forstschüler konnten auch nicht sehen, ob einer oder beide Waffen trugen.

Am Tatort fanden sie ein eben aufgebrochenes Alttier (Hirschkuh), das durch guten Blattschuß gestreckt war. Ein- und Ausschuß waren gleich groß. Die Leber war bereits in Ölpapier eingeschlagen, eine Keule, schon herausgeschnitten, fehlte. Der Knicker, ein stabiles Messer, wie es an Waldarbeiter ausgegeben worden war, steckte im Boden.

Bei dem Alttier handelte es sich um ein führendes Stück, dessen Gesäuge noch voller Milch war. Die ganze Arbeit ließ auf Fachleute schließen, die die Wilderei gewerbsmäßig betrieben und wahrscheinlich nicht das erste Stück gewildert hatten.

Eine Spurensuche am Tatort blieb erfolglos. Dem Forstschüler G. fiel noch ein, daß er am Abend des Vortages gegen 19.40 in der gleichen Richtung einen Büchsenschuß gehört hatte. Er hatte sich im Pandelbachtal befunden, um dort Wild zu beobachten.

Die Moral aus der Geschicht: Trau auch einem Wilddieb ohne Waffe nicht! Dieser Fall hätte für die beiden tödlich ausgehen können. Man muß dazu bedenken, daß 1947 ja kein deutscher Jäger Waffen hatte.

Der Kampf um die Freigabe der Jagdwaffen

Im Jahre 1947, also zwei Jahre nach Kriegsende, gab es offiziell immer noch keine Jagdwaffen für die deutschen Jäger, wohl wenige Freigaben für einzelne Landkreise, jedoch in erster Linie zur Bekämpfung von „Schadwild", um die überhandnehmenden Wildschäden zu vermindern. Von einer wirksamen Bekämpfung der Wilderei konnte nach wie vor keine Rede sein. Die für die Jäger waffenlose Zeit wurden von den Wildererbanden rücksichtslos ausgenutzt, obwohl auf illegalen Schußwaffenbesitz Todesstrafe stand. Sie holten sich ihre Waffen aus versteckt gehaltenen Militärwaffenlagern und sonstigen Quellen.

Leicht optimistisch zeigte sich der Deutsche Jagdverband Britische Zone, Landesverband Niedersachsen, in einer Verlautbarung vom Juni 1947, in der es hieß, daß man in der Bekämpfung des Wildererunwesens voraussichtlich bald bessere Zustände erreichen werde. Auch bestand die Aussicht, wieder ein besonderes Wildererdezernat im Landeskriminalamt einzurichten, wenn auch die Militär-Regierung noch nicht voll zugestimmt hatte. Es wurde aber in Aussicht gestellt, in den „nächsten Wochen" einen Kursus für Kriminalbeamte zur Ausbildung als Spezialisten in der Wilddiebsbekämpfung in Hann. Münden stattfinden zu lassen. Immer noch bestanden aber die alten Schwierigkeiten, da die Militär-Regierung auf dem Standpunkt stand, jeder durchschnittliche örtliche Polizeibeamte müsse eine ausreichende Bekämpfung des Wildererunwesens vornehmen können. Dies war natürlich nicht der Fall, zumal nicht in der Zeit gleich nach dem Kriegsende. Und welcher Polizeiposten konnte sich auch schon, nur mit einer Pistole bewaffnet, ganzen Wildererbanden stellen.

In der Frage der Schußwaffenausgabe durch die Militär-Regierung in den Landkreisen waren leider ganz verschiedene Ergebnisse erzielt worden. In sehr vielen niedersächsischen und wohl auch anderen Landkreisen waren Waffen überhaupt noch nicht ausgegeben worden, in anderen Kreisen nur wenige, wie z. B. in Hildesheim-Marienburg, Peine, Bremervörde-Zeven zwei bis fünf Waffen trotz stärkster Wildschäden, die die Versorgungslage stark belasteten. Im Regierungsbezirk Osnabrück und im Verwaltungsbezirk Oldenburg lehnte die Militär-Regierung die Ausgabe von Waffen überhaupt ab, weil dort kein Schwarzwild vorhanden und daher die Voraussetzung für die Zonen-Anweisung Nr. 10 nicht gegeben war. Das „Game-Warden" bei der North German Timer Control, also das britische Hauptjagdamt in Hamburg im Shell-Haus an der Alster, hatte ausdrücklich verfügt, daß die Waffenfreigabe örtlich gemeinsam zwischen Kreisresidenzoffizier und deutschem Kreisjägermeister geregelt werden müsse. Der Deutsche Jagdverband Britische Zone e. V. war von der Militär-Regierung nicht anerkannt. Der DJV machte aber darauf aufmerksam, daß bei der Militär-Regierung in vielen Kreisen starke Widerstände gegen die Zonenanweisung Nr. 10 vorhanden seien, weil man sich vor einer Wiederbewaffnung der deutschen Jäger fürchtete. Man solle daher in den Kreisgruppen bei den Forderungen nach Waffenfreigabe den Bogen nicht überspannen, weil man sonst nur das Gegenteil erreichen würde. Überhaupt wehte 1947 bei der Militär-Regierung ein sehr scharfer Wind, der ein taktisch kluges Vorgehen erforderte, obwohl der Kampf gegen die Wilderer immer unerbittlicher wurde.

Keine Besserung trotz Währungsreform

Auch nach der Währungsreform 1948, die eine wesentliche Besserung der Lebenshaltung mit sich brachte, klang die Wilderei in Niedersachsen nicht ab. Der Niedersächsische Minister der Justiz sah sich daher veranlaßt, nicht zuletzt auch auf Drängen der Jäger und Forstbeamten, am 30. November 1949 nachfolgenden Erlaß herauszugeben, der eigentlich an die frühere Zusammenarbeit zwischen Polizei, Forstverwaltung, Gerichten usw. anknüpfte:

An die
Herren Generalstaatsanwälte
in Celle, Braunschweig, Oldenburg

Bekämpfung der Wilderei

Trotz der Besserung der Ernährungslage hat, wie mir bekannt ist, das Wildererunwesen nicht wesentlich nachgelassen. Der Wildbestand, der ein wertvolles Stück des Volksvermögens darstellt, ist weiterhin großen Gefahren ausgesetzt, denen durch nachdrückliche Verfolgung von Jagdverfehlungen entgegengetreten werden muß. Ich bitte deshalb, den Staatsanwaltschaften meinen Rd. Erl. vom 4. 6. 1948 – 4055-III 1. a2 187/48 betr. Bekämpfung der Wilderei – in Erinnerung zu bringen.

Im Interesse der Bekämpfung der Wilderei bitte ich, mit den inzwischen wieder eingerichteten Jagdbehörden Fühlung aufzunehmen und die Zusammenarbeit sicherzustellen. In der Anlage übersende ich eine Übersicht über die inzwischen bestellten vorläufigen Bezirks- und Kreisjagdbeauftragten des Landes Niedersachsen mit der Bitte, diese Übersicht den Staatsanwaltschaften bekanntzugeben. Die früheren Bestimmungen in §§ 54, 55 der Mitteilungen in Strafsachen nach der AV. d. RJM v. 21. 5. 1935 sind in die neuen Mitteilungen in Strafsachen gem. AV. des Präsidenten des Zentraljustizamtes vom 31. 5. 1949 nicht übernommen worden, so daß von amtswegen eine Benachrichtigung der vorläufigen Kreisjagdbeauftragten vom Hauptverhandlungstermin nicht mehr zu erfolgen braucht und auch die Aktenübersendung, die in bestimmten Fällen vorgesehen war, unterbleiben kann. Ich bitte jedoch, den vorläufigen Bezirks- und Kreisjagdbeauftragten in allen Fällen, in denen sie die Bitte aussprechen, ihnen Nachricht vom Hauptverhandlungstermin zu geben, die erbetene Mitteilung zu machen.

Erscheint es angebracht, zu besonderen Fragen jagdlicher Art Sachverständige hinzuzuziehen, wird es sich empfehlen, mit den zuständigen Bezirks- und Kreisjagdbeauftragten Verbindung aufzunehmen, um die Sachverständigen benennen zu lassen oder einschlägige Fragen zu erörtern.

gez. Dr. Moericke

Die Kreisjagdbeauftragten, die später wieder den alten Titel „Kreisjägermeister" erhielten, bedauerten jedoch die allgemein geringe Zusammenarbeit.

Ergänzend empfahl der Niedersächsische Minister für Ernährung, Landwirtschaft und Forsten vom 23. 12. 1949 den Kreisjagdbeauftragten, von sich aus die zuständigen Gerichte um Hinzuziehung zum Hauptverhandlungstermin in allen ihnen bekannt gewordenen Jagdstrafsachen zu bitten. Halbjährlich sollten die Herren KJB dem Herrn Minister über die gemachten Erfahrungen berichten. Was kam dabei heraus? Gar nichts.

Die Jagdschutzabteilung in Niedersachsen – eine Selbsthilfeeinrichtung

Da das Wildererunwesen mehr und mehr zunahm und die öffentlichen Stellen nicht in der Lage waren, so durchzugreifen, wie es die Situation erforderte, viele andere Aufgaben sicherlich auch vordringlicher waren, ergriff die Jägerschaft die Initiative, indem sie den ihr möglichen Teil dazu beitrug, Fälle aufzuklären.

Im Januar 1948 gab der Deutsche Jagdverband, Britische Zone, Landesverband Niedersachsen, bekannt, daß er eine verbandseigene „Abteilung für Jagdschutz" eingerichtet habe. Der Präsident des Verbandes, Gerhard Wulf, Hannover, sagte dazu:

„Die durch den Zusammenbruch des Deutschen Reiches geschaffenen Verhältnisse gestatten z. Z. noch nicht die Ausübung des Jagdschutzes durch die Jagdschutzberechtigten in dem Umfange, der erforderlich wäre, um das heimische Wild vor Wilderern, Raubwild und Raubzeug genügend schützen zu können. Insbesondere hat die Wilddieberei in erschreckendem Maße zugenommen. Wie sehr wir auch Verständnis für die Not unseres Volkes aufbringen, so darf doch dieses Mitgefühl nicht bis zur völligen Vernichtung unseres Wildes führen.

Es ist versucht worden, eine zentrale Wilddiebsbekämpfung durch das Landeskriminalpolizeiamt zu erreichen, jedoch vertritt die britische Besatzungsbehörde den Standpunkt, daß die Bekämpfung der Wilderei eine Angelegenheit der örtlichen Polizeidienststellen sei. Die Erfahrung hat gelehrt, daß diese wegen Überlastung und wegen Mangels an in der Wildereibekämpfung ausgebildetem Personal meist nicht in der Lage sind, alle Fälle von gemeldeter Wilderei sofort aufzugreifen. Es ist daher notwendig, alle Fälle von Wilderei zentral zu erfassen. Die Sichtung und Auswertung der Meldungen soll Aufgabe der neu geschaffenen ‚Abteilung für Jagdschutz' werden. Sie wird aufgrund der Meldungen alle notwendigen Schritte zur Bekämpfung des Wildererunwesens in die Wege leiten, unbeschadet der Anzeige bei der örtlichen Polizei."

Diese neu geschaffene Abteilung wurde von zwei Ermittlern getragen, die von Beruf Kriminalbeamte und erfahrene Jäger waren. Die Einstellung erfolgte auf Empfehlung der Kripo. Sie stand allen Kreisgruppen zur Verfügung und leistete sofort sehr erfolgreiche Arbeit. Selbst die Staatsforstverwaltung bat um Mithilfe der beiden Spezialisten. Daraufhin wurden alle Forstämter von der DJV-Landesgruppe gesondert angeschrieben. Die ersten Einsätze fanden in den Forstämtern in Springe und Walkenried/Harz statt. Zugleich fanden Gespräche zwischen dem Landesverband und dem Minister für Justiz, den Oberlandesgerichten und Oberstaatsanwälten statt, die dazu führten, daß in allen Fällen eine strengere Bestrafung ermittelter Wilderer stattfand.

Weniger günstig lagen leider immer noch die Verhältnisse bei der Waffenfreigabe. Wie geschickt man damals politisch taktieren mußte und wie empfindlich die britischen Besatzungsbehörden waren, erhellt ein Schreiben des Leiters des britischen Hauptjagdamtes in Hamburg, Colonel Brooke, der seine Verärgerung über eine die Engländer angeblich diskriminierende Veröffentlichung im Nachrichtenblatt des DJV-Landesverbandes Nordrhein zum Ausdruck brachte und die Landesverbände dringend bat, in der

Waffenfrage keine weiteren Vorstöße zu unternehmen, denn es bestehe die Gefahr, daß angesichts der z. Z. aufgetretenen Verärgerung die für den Herbst 1948 vorgesehene Erleichterung der Waffenfreigabe vereitelt werden könnte. Das geschah dann auch tatsächlich. Dadurch spitzten sich die ohnehin schon katastrophalen Zustände in den Revieren mehr und mehr zu, wie auch der nachfolgende Fall aus jener Zeit zeigt:

Vor dem „Summary Court" (Einfaches Militärgericht) in Osterode am Harz fand eine Gerichtsverhandlung gegen die Wilddiebe Sch. und W. wegen „ungesetzlichem Besitz von oder Verfügungsgewalt über Feuerwaffen und Munition sowie Wilddieberei" statt.

Der Angeklagte W. wurde 1. wegen Wilddieberei zu 4 Monaten Gefängnis und 2. wegen Mitwisserschaft über ungesetzlichen Waffenbesitz zu weiteren 4 Monaten Gefängnis, insgesamt zu 8 Monaten Gefängnis verurteilt.

In Sachen des Hauptangeklagten Sch. hielt sich das einfache Militärgericht nicht mehr für zuständig und überwies ihn dem „High Court" (Obergericht). Diese Verhandlung erfolgte in Braunschweig. Sch. wurde durch eine sehr geschickte Rechtsanwältin vertreten, die es verstanden hatte, sich eine Reihe guter Führungszeugnisse seiner letzten Arbeitgeber zu verschaffen. Der „Waldarbeiter" Sch. wurde, ohne daß die als Zeugen geladenen Polizeibeamten und Forstbeamten des Forstamtes Kupferhütte überhaupt gehört wurden, nach kurzer Verhandlungsdauer zu 6 Monaten Gefängnis mit einjähriger Bewährungsfrist verurteilt. Des zweiten Anklagepunktes der Wilddieberei soll er sich für „nicht schuldig" erklärt haben, und der Richter hat ihm dies anscheinend geglaubt. Dazu ist zu sagen, daß Sch. dem Forstamt als langjähriger, unverbesserlicher Wilddieb bekannt war, der auch vor einem Mord an Forstbeamten nicht zurückschrecken würde. Er war bereits um das Jahr 1910 in eine Schießerei mit einem Forstsekretär verwickelt gewesen. Das Forstamt konstatierte, durch derartig milde Gerichtsurteile, wie sie schon wiederholt bekannt geworden seien, lasse sich kein Wilddieb von weiteren Verbrechen abschrecken, und den Forstbeamten werde die lebensgefährliche Ausübung des Jagdschutzes unmöglich gemacht.

Daß dem so war, zeigten die Ereignisse in vielen Forstämtern. So hörte man die Befürchtung, daß der für das Jagdjahr 1948/49 (mit Permit-Waffen der Engländer) vorgesehene Abschuß an Rotwild bereits vor Eröffnung der Jagd auf dieses Wild durch die Wilderer erfüllt sein würde. Dabei muß man bedenken, daß allein im Forstamt Schulenberg im Monat April 1948, also in vier Wochen, sieben Hirsche und neun Stück weibliches Rotwild als gewildert und verludert in Schlingen aufgefunden wurden. Wer hier als Wilderer beteiligt war, läßt sich schwer sagen. Sicherlich waren darunter auch Besatzungssoldaten und Fremdarbeiter, die noch nicht in ihre Heimat zurückgekehrt waren.

Die noch junge Jagdschutzabteilung in Hannover erwies sich zwar als sehr wirkungsvoll, mußte aber, nachdem das Landesforstamt keine Zuschüsse mehr zur Verfügung stellte, bis Ende 1948 ihre Mitarbeiterzahl bis auf zwei reduzieren. Die endgültige Auflösung war schon vorprogrammiert, und das nach kaum einem Jahr!

Einen für diese Zeit typischen Situationsbericht gab ein Harzer Forstamt an den zuständigen Kreis-Resident-Officer als Militärbehörde. Ein Revierförster, der sich auf einem Patrouillengang befand, hörte gegen 3.45 in der Nähe der Torfhausstraße einen Pistolenschuß fallen. Er begab sich in Richtung auf den Tatort und sah in der Dämmerung auf etwa 20 Schritt einen Mann, der, vom Förster angerufen, sofort die Pistole, wahrscheinlich eine

Maschinenpistole, auf ihn richtete und ohne jeden Zweifel geschossen hätte, wäre nicht der Beamte, der unbewaffnet war, durch einen Sprung in die Dickung unsichtbar geworden. Gleichzeitig hörte man den Mechanismus von Waffen. Ob der Pistolenschütze einen Versager hatte oder ob weitere Personen ihre Waffen bedienten, ließ sich bei der noch herrschenden Dunkelheit mit Sicherheit nicht sagen. Jedenfalls hörte der Förster mehrere Personen, die sich längs des Dammgrabens entfernten. Er versuchte, ihnen zu folgen. Dabei hörte er um 5.30 nochmals einen Pistolenschuß. Da er unbewaffnet war, konnte er bei Helligkeit nicht weiter folgen.

Der Forstbeamte hatte früher ein englisches Militärgewehr besessen, welches aber Ende 1947 nebst einigen anderen für das Forstamt ausgegebenen Waffen wieder eingezogen worden war, so daß das Forstamt nur noch drei Gewehre besaß, und das für ein Revier von mehr als 5 100 ha und mit einer Ausdehnung von 13 km. Für die 11 Forstbeamten und die drei Warte des Reviers wären mindestens sechs Gewehre notwendig gewesen. Auch waren für manche Gewehre nur noch fünf Schuß Munition vorhanden . . .

Im Harz knallt es weiter . . .

Die Revierförsterei Torfhaus übersandte dem Forstamt Altenau folgenden Bericht: „Am Dienstag, dem 24. 8. 1948, gegen 18.30 Uhr, versammelten sich die Forstbeamten, Forstmeister L., Rev.-Förster B., Bu., K. und sechs Polizeibeamte aus Harzburg im Kolföhr zum Einsatz gegen die Wilderer in der russ. Zone. Es wurden dieselben Posten bezogen wie im Bericht vom 20. 8. 1948 erwähnt. Forstmeister L. hat die Polizeibeamten am Dickungsrand 308 geteilt in zwei Gruppen. Revierförster B., Du. und K. und ein Polizist am Eckereinlauf.

Um 8.15 erschienen zwei mit Karabiner bewaffnete Polizisten auf dem Anmarschweg der russ. Zone zum Eckereinlauf, überschritten dort die Grenze und pirschten am Stausee entlang zur Dickung 308. Hier wurden sie von Forstmeister L. angerufen. Während der eine der Wilderer rückwärts in Deckung sprang, eröffnete der andere sofort stehend das Feuer, in diesem Augenblick auch unsere Leute in der Notwehr das Feuer. Die Wilderer setzten sich, abwechselnd feuernd und rückwärts springend, von der Dickung ab und wollten nun den Eckereinlauf erreichen. Hier wurden sie von uns angerufen, die Waffen abzulegen, sie eröffneten sofort das Feuer auch auf uns, das wir in der Notwehr erwidern mußten. Als wir Gelände gewinnen wollten zur Festnahme, verständigten die in Bedrängnis geratenen Wilderer ihre Helfer auf der russ. Seite durch Signalpfeifen. Wir bekamen jetzt auch noch Feuer von der russ. Seite und mußten vom weiteren Vordringen ablassen, weil wir keine Deckung mehr vor uns hatten. Bei Dunkelheit setzten wir uns ab.

Dieser Vorfall und die in den Berichten vom 20. u. 23. erwähnten bestätigen unsere Mutmaßungen, daß die Wilderer die Waffen in jedem Falle gegen die Forstbeamten gebrauchen werden. Der vermehrte Dienst im Kolföhrgebiet, bedingt durch den Borkenkäferschlag und damit verbundene Holzdiebstähle in diesem abgelegenen Revierteil, bringt die Beamten vom Torfhaus, die alle ohne Waffen und Permit sind, in eine unsichere Lage. Mit einer Rache unter Mithilfe der Russen ist bestimmt zu rechnen.

gez. K., Revierförster"

Der lautlose Tod geht um

Oberförster B., Lüderholz, übermittelte unter dem 22. 3. 1949 dem Forstamt Lonau in Herzberg folgenden Bericht über das Wildererunwesen:

„Durch besondere Zeichen veranlaßt, durchsuchte Revierförster D. aus Rehagen, der sich in Begleitung des entlassenen Revierförsteranwärters Bl. befand, am Sonnabend, dem 19. ds. Mts. in den späten Nachmittagsstunden die Fichtendickung Distr. 139/140. Hierbei fanden sie Aufbruchteile eines gewilderten Hirsches. Das Ergebnis einer weiteren Durchsuchung der Dickung am Sonntag waren ein jüngerer Sechserhirsch, gelüftet und der Grandeln beraubt, sowie eine fängisch gestellte Schlinge aus starkem Litzendraht. Der Hirsch war offenbar vor dem letzten Schneefall gefangen worden, schneite ein und wurde wahrscheinlich von den Wilderern nicht wiedergefunden, bzw. erst so spät, daß eine Verwendung des Wildbrets nicht mehr möglich war, denn frische Fußabdrücke von Menschen zeugten davon, daß die Kerle sich inzwischen wieder an dem Hirsch zu schaffen gemacht hatten. Zwei z. Z. im Waldarbeiterverhältnis stehende Studenten und der oben erwähnte ehem. Revierförsteranwärter erhielten den Auftrag, am nächsten Tag die Dickung planmäßig nach Schlingen zu durchsuchen, und entfernten bei diesem Unternehmen am ersten Tage 47 (!), am folgenden Tag weitere 80 (!) fängisch gestellte Schlingen und fanden ein gewildertes Rotwildkalb, das bereits aus der Decke geschlagen war und mit Draht befestigt und gut verblendet in einer Fichte hing, dessen Decke, Kopf und Aufbruch unter einer anderen Fichte versteckt lagen, sowie eine noch lebende, in der Schlinge hängende Ricke. Diese mußte abgenickt werden. Ferner hatte sich ein Hase ebenfalls in einer Schlinge gefangen. An der Stelle, wo das Wildkalb hing, wurde der alte Zustand belassen und für den Abend ein Ansitz in der Dickung in unmittelbarer Nähe des Wildkalbes durchgeführt. Tatsächlich kamen die Wilderer auch an diesem Abend; leider aber so spät, daß sie selbst infolge der starken Dämmerung das Versteck nicht finden konnten und von Baum zu Baum danach suchten, sich dabei den in Deckung sitzenden Beamten mehr und mehr nähernd.

Dabei war es inzwischen so dunkel geworden, daß ich, der ich von den suchenden Wilderern nichts gehört hatte, ein weiteres Warten für zwecklos hielt und den Ansitz abbrach. Dadurch wurden die Wilderer aufmerksam und flüchteten und konnten leider nicht gestellt werden.

Aus dem unmittelbar angrenzenden Forstamt Osterode wurde bekannt, daß auch dort Rot- und Rehwilddecken gefunden und etwa 30 Schlingen entfernt worden sind. Nachweislich sind in allerletzter Zeit auf kleinstem, zusammenhängendem Raume der beiden Forstämter Osterode und Lonau sieben Stücke Rotwild (darunter wenigstens zwei Hirsche), vier Ricken und ein Hase gewildert worden, wahrscheinlich in der Hauptsache durch Schlingenstellerei. Es sind aber auch verschiedentlich unaufgeklärte Schüsse gehört worden. Verdächtig sind mehrfach gesehene, einwandfrei im Schnee gespürte Männer, die vermutlich aus den Ausländerlagern um Osterode stammen. Diese Männer führen zeitweise zwei, manchmal auch nur einen Schäferhund mit sich. Diese Hunde, insonderheit ein starker, schwarzer Schäferhund, sind wiederholt hetzenderweise gesehen worden. Vermutlich sollen sie das Wild in die Schlingen hetzen!

Der Erfolg der Wilddiebe innerhalb der letzten 14 Tage ist für den Wildstand vernichtend. 11 Stücke konnten gewildert werden! Erleichternd für die Wilderer ist die Tatsache, daß das Wild aus den höheren Lagen des Harzes infolge des erheblichen Nachwinters z. Z. sich in den tieferen Revierlagen einstellte, und hier wiederum gibt es vom Wild besonders bevorzugte Plätze (z. B. sonnige Südhänge mit guten Äsungsverhältnissen). Ein solcher bevorzugter Platz ist leider auch der von den Wilderern als solcher erkannte Forstort Keidelshagen.

Der bereits stark gezehntete Rotwildbestand des Harzes geht seiner Vernichtung entgegen, wenn nicht Maßnahmen ergriffen werden, die solche Massenschlachtungen unmöglich machen! Solche Maßnahmen zu ergreifen, liegt derzeitig einzig in der Hand der Militärregierung!

Die Leiden des Wildes, das sich in Schlingen fängt, sind schrecklich. Man muß solche Kampfstellen um Leben und Tod einmal gesehen haben! Zum Teil sind mehrere Fichten von zwei bis vier Metern Höhe zu einem Knäuel zusammengedreht, der Bodenüberzug bis in die Baumkronen geschleudert, und die Fichtenstämmchen sind zerschunden an Rinde und Nadeln.

Jeder unbewaffnete, mit Jagdschutz Beauftragte setzt auf jeden Fall sein Leben ein, wenn er mit Wilderern solcher Art zusammenstößt. Daher wäre unbedingt die Bewaffnung aller Jagdschutzausübungsverpflichteten und -berechtigten vorzuschlagen. Es muß ferner dafür gesorgt werden, daß in besonders gefährdeten Revieren zumindest ein zweiter Beamter bzw. ein Anwärter aus Forst- und Jagdschutzgründen eingesetzt wird. In Rehagen würde sich ein solcher auf alle Fälle bezahlt machen. Manch ein entlassener junger Forstmann würde glücklich sein, wieder eingestellt und mit Berufsaufgaben betraut zu werden.

gez. Oberförster B."

Der Fall „Rheinmetall"

Auch das Jahr 1949 bescherte keine Besserung. Es gab weder Waffen für die Jäger, noch wurde weniger gewildert. Die inzwischen durchgeführte Währungsreform mit zunächst großer Geldknappheit mag ein neuer Anreiz zur Wilderei gewesen sein.

Ein spektakulärer Vorfall ereignete sich im Landkreis Uelzen. Im Januar 1949 fand der Waldarbeiter Heinrich R. aus Dreilingen im Jagen 44 des Forstreviers Rheinmetall-Borsig 45 (!) Schlingen und viele Aufbrüche von Rot- und

Schwarzwild. Er meldete dies dem Oberförster D. in Ellerndorf. Kurze Zeit darauf sah er eine verdächtige Schlittenspur, fand wieder Aufbrüche und Schweiß, holte seinen Bruder Wilhelm und ging zusammen mit ihm, mit Äxten (!) bewaffnet, in die Dickung. Anschließend folgte R. der Schlittenspur bis zu einem Dorf, das nur aus wenigen Häusern besteht. Die Schlittenspuren endeten hier. Zusammen mit dem Gendarmen aus Hohenried, Krs. Celle, wurden Haussuchungen durchgeführt, die aber ergebnislos verliefen. Kurz darauf nahm der Gendarm eine Frau fest, die auf ihrer Karre Wild transportierte.

Es wurde festgestellt, daß das Wild von drei bereits in Verdacht stehenden Personen stammte, bei denen auch Haussuchungen durchgeführt wurden. Einer wurde gleich inhaftiert. Die drei Wilderer hatten zugegeben, im Revier der Rheinmetall-Borsig 28 Stück Rotwild, 27 Stück Rehwild, vier Stück Schwarzwild und einen Fuchs gewildert zu haben! Waldarbeiter R. sagte später einmal, daß er wieder vier Wilderer in Verdacht und auch beobachtet habe. Er denke aber gar nicht daran, sich noch einmal diesen Mühen und Gefahren auszusetzen, wenn er nicht einmal eine Anerkennung von zuständiger Stelle erhielte . . .

Der junge Staat

Der erste Jagdschutzlehrgang nach dem Kriege

1950 war das Jahr der Wende in der polizeilichen Wildererbekämpfung. Es hatte sich mit der Zeit herausgestellt, daß die mit dem Jagdschutz betrauten Beamten der Polizei ohne das Wissen um die mit Wild, Wald und der Jägerei zusammenhängenden Fragen nicht auskamen. Um diese Lücken auszugleichen, wurde erstmalig vom 1. 6. bis 15. 7. 1950 ein Lehrgang zur Bekämpfung von Forst- und Wilddiebstahl an der Polizeischule Hann. Münden unter Leitung eines fachkundigen Beamten und ersprießlicher Mitarbeit von Forstbeamten abgehalten. Die wissenschaftliche Unterrichtserteilung lag in Händen des Instituts für Jagdkunde der Universität Göttingen, das bereits seit 1949 mit der Polizeischule zusammenarbeitete.

Zunächst wurde eine zweiwöchige praktische Ausbildung auf Förstereien durchgeführt, anschließend erfolgte eine dreiwöchige Unterrichtung in der Polizeischule, woran sich eine Woche praktische Übungen im Walde und im Institut für Jagdkunde anschlossen. Von besonderer Bedeutung war es, daß der Polizeibeamte Wald und Wild, Förster und Forstpersonal aus eigener Anschauung kennenlernte. Der Kontakt mit den beruflich im Walde tätigen Personen wurde durch eigenes Erleben gefördert, das Verständnis für die besonders gelagerten persönlichen Verhältnisse dieser Menschen geweckt und bestehende Vorurteile und Gegensätze bereinigt. Gerade die Einfühlung in den Lebenskreis dieser Leute und die Kenntnis ihrer Gewohnheiten sind für den Jagdschutzbeamten bei der Ermittlung von Wilddiebsfällen, besonders aber bei der Bearbeitung von Kapitalverbrechen im Walde, von ausschlaggebender Bedeutung.

Allseits wurde es für besonders dringlich erachtet, daß die Zusammenarbeit zwischen Forstbeamten und Polizei schon auf der Kreisebene und darunter beginnen müsse. Die zur Wilddiebsbekämpfung eingesetzten Polizeibeamten müssen mit den Forstbeamten ihres Bezirks in ständiger persönlicher Verbindung stehen und sich gegenseitig von Wilddiebsfällen, verdächtigen Personen usw. Kenntnis geben. Die gelegentliche gemeinsame Streife und die gemeinsame Überwachung der Bahnhöfe, Gaststätten und

Wildhandlungen sind in besonderem Maße geeignet, die Zusammenarbeit fruchtbar zu gestalten und Förster und Polizeibeamte dienstlich und menschlich einander näher zu bringen. Dann wird auch die Erstattung der notwendigen LKP.-Meldungen vorangetrieben werden, die für die Wiedereinrichtung der so notwendigen Wildererkartei unerläßlich ist. Ferner ist es zweckmäßig, daß die mit der Bekämpfung des Wilddiebswesens beauftragten Beamten den Jagdbehörden und den Angehörigen des Deutschen Jagdschutz-Verbandes persönlich bekannt sind.

So ungefähr lautete das Abschlußkommuniqué. Daß dieses 1950 gesteckte Ziel erreicht wurde, kann man heute mit Fug und Recht behaupten. Nachdem später in allen Landesteilen kleinere Lehrgänge auf Bezirksebene abgehalten wurden, dann wieder große Lehrgänge an einem zentralen Ort, ist heute ein solcher Lehrgang ohne Beteiligung und Mitarbeit der Landesjägerschaft kaum vorstellbar. Ständige Kontaktpflege wird ganz groß geschrieben.

Der junge Staat ergreift die Initiative

Durch die Verordnung 210 des Hohen Kommissars für das britische Besatzungsgebiet war die Ausübung der Jagd durch Mitglieder der alliierten Streitkräfte und damit indirekt auch das deutschen Personen verbleibende Jagdausübungsrecht abgegrenzt. Es erschien daher notwendig, wieder Maßnahmen für eine energische Bekämpfung der Jagddelikte und des Wildererunwesens zu ergreifen, die – durch die Zeitverhältnisse begünstigt – einen bedrohlichen Umfang angenommen und den Wildbestand z. T. stark dezimiert hatten. Dies war um so notwendiger, als durch die Verordnungen zum Gesetz Nr. 24 der Alliierten Hohen Kommission und durch die „Erste Anordnung über Sportwaffen und Munition" vom 12. 1. 1951 des Bundesministers für Ernährung, Landwirtschaft und Forsten nunmehr (!) und endlich auch der Besitz und die Verwendung von Jagdwaffen geregelt worden war. Damit – so meinte das Landeskriminalamt – sei auch mit einer Zunahme der Wilderei unter Verwendung von Schußwaffen zu rechnen. Und wie recht hatte das Amt! Der bereits erwähnte Gemeinschaftserlaß des früheren Chefs der Deutschen Polizei im Reichsministerium des Innern und früheren Reichsjägermeisters vom 21. 2. 1938 war in vielen Fällen nicht mehr anwendbar. An seine Stelle trat jetzt der Erlaß des Niedersächsischen Ministers des Innern vom 18. 4. 1951, der besagte, daß u. a. die zentrale Verfolgung und die Abwehr der Wilderei dem Landeskriminalpolizeiamt oblag, welches die dazu erforderlichen Richtlinien erließ. Damit war sichergestellt, daß die Bearbeitung der Wilderei grundsätzlich zu den Obliegenheiten der Kriminalpolizei gehörte. Uniformierte Polizisten mit Sonderausbildung in der Wildereibekämpfung galten als zur Kripo abgeordnet. Neben einem ausführlichen Meldedienst wurde eine Landeszentralstelle zur Bekämpfung der Wilderei eingerichtet. Sie hatte folgende Aufgaben:

Federführende Bearbeitung aller Fragen der Wildererbekämpfung.

Förderung der theoretischen und praktischen Weiterbildung der in der Wildererbekämpfung geschulten Spezialbeamten durch Schaffung von Möglichkeiten zur Teilnahme an Vorträgen und Veranstaltungen der Jägerschaft.

Führung von Sonderkarteien und Auswertung der eingehenden Meldungen sowie Einrichtung einer Lehrmittelsammlung für Wilderergerät.

Unterstützung in der praktischen Wildererbekämpfung und erforderlichenfalls Vermittlung und Regelung des überörtlichen Einsatzes von Spezialbeamten im Bezirk einer anderen Polizeibehörde bei notwendig werdenden größeren Aktionen.

Der jetzt endlich wieder mögliche Kauf von Jagdwaffen durch Jäger lief eigentlich 1952 erst wieder richtig an. Die alten deutschen Waffenfabriken waren entweder im Kriege zerstört oder nach Kriegsende enteignet und demontiert worden. Man mußte also zunächst die Importe aus dem Ausland abwarten. Und die kosteten viel Geld. Diejenigen Wilderer, die immer noch im Besitz ihrer Waffen waren, fühlten sich jetzt nach der neuen Rechtslage noch freier.

Groteske Blüten trieb das Wildererunwesen auch im Gebiet des Verwaltungsbezirks Oldenburg.

Einem Forstbeamten waren Ende 1951 mindestens 20 (!) Wilderer persönlich bekannt, die jedoch mit Hilfe der Polizei nicht überführt werden konnten. Gewildert wurde mit Schußwaffen, Schlingen, Hunden, Fangeisen, Scheinwerfern und Lockenten. Als er mit einem ihm gut bekannten Jagdpächter durch dessen Revier ging, entdeckte er an einem kleinen Moorgewässer eine neue Poolhütte zum Entenschießen mit vier Schießscharten, frisch aufgestellt. Etwa 400 m weiter an der nächsten Wasserfläche war eine ähnliche Poolhütte aufgestellt. Auf Befragen erklärte der Jagdpächter, daß das nicht seine Hütten seien, sondern sie gehörten ihm bekannten Wilddieben, gegen die er auch nichts machen könne, da sie ihm seinen bereits einmal abgebrannten Hof anstecken würden

Weiter berichtete der Beamte, daß in jedem Winter in verschiedenen Gemeinden nachts bei starkem Wind mit Scheinwerfern auf der Roggensaat Hasen geschossen würden. Die Bauern wußten von Fällen zu berichten, in denen in zwei bis drei Stunden bis zu 12 Hasen gewildert wurden. Ein Überführen der Täter war kaum möglich, da die Bauern aus Angst vor den bewaffneten Wilderern zu keiner Aussage bereit waren.

Vom dortigen Wildhandel wurde berichtet, daß er auch Wild von Wilddieben abgenommen habe. Durch Zufall wurde von der Polizei ein Lkw angehalten, auf dem sich 25 Kaninchen und über 40 Hasen befanden, wovon die Hasen alle geschlingt (!) waren. Die Herkunft der Hasen konnte nicht mehr festgestellt werden, da der Wildhändler angeblich die Lieferanten nicht kannte. Der Wildhändler wurde zu drei Monaten Gefängnis mit Bewährungsfrist verurteilt.

Auf dem Wochenmarkt in Oldenburg wurden von April bis Juni, also in der Schonzeit, frisch „erlegte" Hasen, Rebhühner und Fasanen zum Kauf angeboten. Hier wurde mit Erfolg der Kreisjägermeister eingeschaltet, der die Herkunftsgemeinde des Wildes ermittelte. An Fütterungen wurden dort, zumeist von Jugendlichen, die Fasanen mit modernen Luftbüchsen geschossen und in Schlingen gefangen.

Lebendigen Unterricht vermittelte eine Verhandlung vor dem Schöffengericht in Vechta. Im Jahre 1954 hatte das Gericht einen Großkampftag. In fünf Verhandlungen standen nicht weniger als elf Personen vor Gericht, die der Wilddieberei, des Jagdfrevels und der Hehlerei angeklagt waren. Ein Teil stammte aus der Gemeinde Damme, die auch Schauplatz der Wilddiebereien war, die nunmehr zur Aburteilung kamen.

In den ersten drei Verhandlungen hatten sich neun Personen zu verantworten, vier davon wurden freigesprochen. Zu drei Monaten Gefängnis und den Verfahrenskosten wurde ein 27jähriger aus Damme verurteilt. Das Gericht sah hier die fortgesetzte Wilderei als erwiesen an. Ein Gärtnermeister aus einer westfälischen Stadt erhielt wegen fortgesetzter Wilddieberei im Bezirk Damme vier Monate Gefängnis. Er kam nach Damme, um dort Tannenbäume zu kaufen. Nebenbei ging er dann „auf die Jagd". Das geschossene Wild verkaufte er an Bekannte, die es einweckten. Diese beiden Bekannten, ein Mann und eine Frau, hatten sich wegen Hehlerei zu verantworten. Sie erhielten sechs Wochen Gefängnis mit Bewährung, der Gärtner übrigens auch. Die Zeugenbänke waren während der Verhandlung dicht gefüllt. Zahlreiche Polizeibeamte, die damals unter der Leitung eines Kriminalbeamten aus Hannover einen Lehrgang über Wildereibekämpfung in Vechta absolvierten, konnten im Prozeß wertvolles Material für ihre spätere Arbeit sammeln.

Im Jahre 1954 gab das Landeskriminalpolizeiamt einen ersten Rechenschaftsbericht für die Jahre 1951/52/53, soweit er das Gebiet der Wilderei betraf, heraus, der sehr aufschlußreich war. Er wurde 1954 ergänzt, siehe Tabelle Seite 151.

Auf dem Gebiete des Jagdwesens hatte die in den Jahren 1950/51 begonnene Entwicklung ihren Fortgang genommen. In Niedersachsen (und anderen Ländern) war die Jagdhoheit wieder eine ausschließlich deutsche Angelegenheit geworden. Angehörige der Besatzungsmacht konnten im Rahmen vertraglicher Vereinbarungen zwischen alliierten und deutschen Stellen und unter Beachtung der deutschen jagdrechtlichen Bestimmungen an der Jagd teilnehmen.

Das Jahr 1952 stand ganz im Zeichen der Wiederbewaffnung der deutschen Jäger bzw. der Legalisierung ihres Waffenbesitzes. Dieser in der Jagdgeschichte bisher einmalige Vorgang war abgeschlossen.

Am 29. 11. 1952 wurde das neue Bundesjagdgesetz und am 31. 3. 1953 das Niedersächsische Landesjagdgesetz dazu erlassen. Beide Gesetze traten am 1. April 1953 in Kraft. Mit dem gleichen Tage trat das bis dahin noch gültige Reichsjagdgesetz vom 3. 7. 1934 außer Kraft.

Die in Angriff genommene Neufassung der Bestimmungen über den Verkehr mit Wild – der Leser kennt das Problem aus der Zeit der Preußischen Jagdordnung! – hatte leider den wünschenswerten Abschluß nicht erfahren. Der Bundesminister für Ernährung, Landwirtschaft und Forsten ließ wissen, daß er auch bis auf weiteres von der Ermächtigung zum Erlaß neuer Bestimmungen über den Verkehr mit Wild keinen Gebrauch machen wolle – und das ist bis heute so geblieben.

Damit bestehen für den Verkehr mit Wild und für seine Überwachung und Kontrolle keine rechtlichen Handhaben mehr. Das ist im Hinblick auf eine erfolgreiche Wildereibekämpfung eine recht unerfreuliche Tatsache. Dafür gab es vom Minister für Ernährung, Landwirtschaft und Forsten am 11. 6. 1962 neue Richtlinien für die Polizei, die Forstbeamten und Jagdschutzberechtigten zur Bekämpfung der Wilderei.

Bei Betrachtung der nachfolgenden Übersichten muß bedacht werden, daß es gerade im Bereich der Wilderei eine sehr hohe Dunkelziffer gibt, deren Gründe ja bereits aus einigen geschilderten Fällen ersichtlich sind. Es zeigt sich, daß die Zahl der ermittelten Wilderer 1952 gegenüber 1951 um 37, also um 21 %, zurückgegangen war, also im Jahre 1953 jedoch wieder etwas anstieg. 1951 waren mehrere Wildererbanden festgenommen worden. Am stärksten trat diese rückläufige Bewegung im Verwaltungsbezirk Oldenburg in Erscheinung (von 31 auf 9). 1951 befand sich im südlichen Teil des Bezirks Oldenburg ein Schwerpunkt der Wilderei, im Kreise Vechta allein wurden mehrere Wildererbanden unschädlich gemacht. Dieses energische und erfolgreiche Durchgreifen hatte sich heilsam ausgewirkt. Auch im Regierungsbezirk Osnabrück ging die Zahl der Wildereien erheblich zurück.

Im Gegensatz dazu verzeichnete der Regierungsbezirk Lüneburg eine Zunahme der Wilderei. Nicht nur die Zahl der ermittelten Wilderer, sondern auch die der unaufgeklärten Fälle war gestiegen.

Noch mehr als die Übersichten bewiesen die Meldungen selbst, daß der Umfang der Wilderei z. T. durch die Struktur der Landschaft bedingt ist. Die Lüneburger Heide mit ihren ausgedehnten Wald-, Busch- und Heidegebieten sowie der geringen Bevölkerungsdichte ist das ideale Wildererrevier. Dazu kommt die Nähe der Großstädte sowohl im Norden als auch im Süden dieses Gebietes.

Was für die Lüneburger Heide gilt, gilt im wesentlichen auch für den Harz. Hier hat die Wilderei zu allen Zeiten in Blüte gestanden. Ende des Jahres 1952 konnte ein Verfahren gegen einen ganz üblen gewerbs- und gewohnheitsmäßigen Wilderer aus Altenau abgeschlossen werden. Das Urteil lautete auf ein Jahr Gefängnis. Er hatte über 100 Stück Rotwild abgeschossen und selbst zugegeben, den stärksten Hirsch des Oberharzes, einen kapitalen 14-Ender, erlegt, besser gesagt, gewildert zu haben. Bereits um die Jahreswende 1951/52 wurde ein Verfahren gegen zwei Einwohner aus Altenau abgeschlossen, die mit einer zerlegbaren Waffe gewildert hatten. Beide stammten aus einer bekannten Altenauer Wildererfamilie. Der Bruder des Älteren war schon 1911 beim Wildern erschossen worden.

Nicht weniger gefährdet war das Wild des Sollings. Hier wurde dem jahrelangen Treiben eines Wilderers ein Ende gesetzt, der mit Schußwaffen und Schlingen, unter Verwendung von Gift (!), zur Nachtzeit mit künstlichem Licht und auch während der Schonzeit dem Wilde nachgestellt hatte. Er wurde zu 2½ Jahren Gefängnis verurteilt.

Auch in den Jahren 1951 bis 1953 waren mehrere Fälle von Widerstand durch Wilderer bekannt geworden. Bei Bad Harzburg wurden zwei Wilderer beim Frettieren von einem Beamten des Zollgrenzdienstes gestellt. Sie schlugen auf den Beamten ein und konnten sich zunächst der Festnahme entziehen. In der Umgebung von Osnabrück wurde ein Wilderer mit geladenem Gewehr von einem Jagdschutzberechtigten in seinem Revier angetroffen. Der Wilderer kam der Aufforderung, die Waffe niederzulegen, nicht nach und sprang den Jagdschutzberechtigten tätlich an. Dann sprang er in Deckung und richtete die Waffe auf den Berechtigten, so daß dieser seinerseits gezwungen war, von der Waffe Gebrauch zu machen.

Im Klosterforst Goslar wurde ein Forstwart von vier Männern angefallen und zu Boden geschlagen. Sein Gewehr, Fernglas und Rucksack wurden ihm abgenommen. Er erhielt mit dem Gewehrkolben einen Schlag in den Rücken und wurde dann einen steilen Hang hinuntergeworfen. Diese Burschen hätten ihn auch erschießen können!

Die Tabelle zeigt auch, daß seit der Lockerung der Bestimmungen über den Erwerb und den Besitz von Waffen eine erhebliche Zunahme der Wilderei mit Schußwaffen stattfand. Auch die Zahl der unaufgeklärten Fälle stieg.

Die Gesamtzahl der im Jahre 1954 ermittelten Wilderer war gegenüber 1953 um 19,6 % zurückgegangen, die Zahl der unaufgeklärten Fälle um 11,7 % gestiegen. Auch 1954 lagen die Schwerpunkte der Wilderei nach wie vor in den Bezirken Lüneburg, Osnabrück und Oldenburg. Während insgesamt ein Rückgang der Delikte festzustellen war, stieg die Deliktzahl im Regierungsbezirk Lüneburg um 14 %.

Im Regierungsbezirk Stade ging die Wilderei auf die Hälfte des vorjährigen Umfanges zurück. Gegen Ende des Jahres konnte dort eine größere Wildererbande unschädlich gemacht werden, die während der Dunkelheit mit Scheinwerfern Rehwild angeblendet und geschossen hatte. Etwa 60 Rehe hatte die Bande erlegt. Der Haupttäter verübte im Untersuchungsgefängnis Selbstmord.

Übersicht über die Wilderei
in den einzelnen LKP-Bezirken:

LKP-Stelle	Zahl der ermittelten Wilderer				Unaufgeklärt gebliebene Fälle			
	1951	1952	1953	1954	1951	1952	1953	1954
Hannover	8	7	11	8	3	6	6	4
Hildesheim	20	13	18	8	3	10	8	9
Braunschweig	19	19	12	10	3	4	8	7
Lüneburg	34	45	41	44	11	18	29	36
Stade	22	15	24	12	2	2	–	–
Oldenburg	31	9	18	20	1	2	4	2
Aurich	4	–	4	–	1	–	–	1
Osnabrück	36	29	19	25	3	2	1	3
Gesamtzahl	174	137	147	127	27	44	56	62

Kriminologische Übersicht:

Wilderei mit	Zahl der ermittelten Wilderer				Unaufgeklärt gebliebene Fälle			
	1951	1952	1953	1954	1951	1952	1953	1954
Schußwaffen	61	42	67	54	8	21	36	41
Schlingen	27	27	31	12	15	19	14	17
Fallgruben	2	–	–	–	–	–	–	–
Fallen	15	5	11	9	3	1	–	1
Kraftfahrzeugen	–	–	–	–	–	–	1	–
Frettchen und Hunden	63	60	35	46	1	2	–	1
sonst. Arten	6	3	3	6	–	1	5	2
Gesamtzahl	174	137	147	127	27	44	56	62

Das Kleinkalibergewehr entwickelte sich zur Hauptwaffe der Wilderer. Dieses leidige Thema wird im Abschnitt „Die Kleinkaliber-Seuche" ausführlich behandelt.

Wiederholt wurden auch Kraftfahrzeuge benutzt. In der Umgebung Hannovers wurde eine Bande ermittelt, die vor allem nach Eintritt der Dunkelheit in die Feldmarken fuhr. Ein Scheinwerfer wurde zum Absuchen der Felder und zum Blenden des Wildes benutzt. Das geblendete Wild – vorwiegend Hasen und Kaninchen – wurde aus dem Auto heraus mit Kleinkalibergewehr geschossen. Die Bande hat jahrelang (!) ihr Unwesen getrieben.

Bei der Landeszentralstelle zur Bekämpfung der Wilderei waren bis 1955 insgesamt 650 bekannte Wilderer kriminalgeographisch und kriminologisch geordnet und karteimäßig erfaßt.

Der Landesjagdverband Niedersachsen, Hannover, hängte vor allem in den ländlichen Gemeinden Plakate aus, die zur Mithilfe bei der Bekämpfung der Wilderei aufforderten und Belohnungen für diejenigen aussetzten, die Wilderer namhaft machten und ihre gerichtliche Bestrafung ermöglichten. So trug auch die Jägerschaft wieder ihren Teil zur gemeinsamen Arbeit bei.

1955 berichtete ein Jagdschutzbeauftragter über einen ganz speziellen Fall von Wilderei auf einer ostfriesischen Insel. Er führte dort einen erbitterten Kampf gegen das Wildererunwesen und hatte bereits vier Personen zur Anzeige bringen können. Besonders war dort das „Blitzen", eine auf dem Festland weniger bekannte Wilderermethode, sehr ausgebreitet. Meist zwei bis drei Personen, ausgerüstet mit Stabscheinwerfern von fünf bis acht Batterien und mit Hunden, blendeten das Wild – und die Hunde greifen es. Alles geht lautlos vor sich. Diese „Jagdart" ist sehr ergiebig, oft werden bis zu 50 Stück Wild, meist Kaninchen, zur Strecke gebracht. Das Stellen dieser Wilderer ist sehr schwierig, beim Anrufen werden die Lampen ausgemacht, das Gesindel verdrückt sich in den Dünen und verschwindet.

In einer Septembernacht gegen 1.00 stieß der Jagdschutzberechtigte in Begleitung eines Lehrlings auf Wilderer, die als „Blitzer" unterwegs waren. Sie verfolgten die Burschen etwa 40 Minuten, doch bot sich ihnen keine rechte Gelegenheit, um an die Gruppe näher heranzukommen. Als die Wilderer nicht mehr blitzten, begaben sie sich in einen trockenen Graben, welcher ihnen etwas Sichtschutz bot. Auf etwa 30 Meter Entfernung rief der Jäger sie an, worauf sie ihm ins Gesicht leuchteten und die Flucht ergriffen. Nachdem sie nach dreimaligem Anruf nicht stehenblieben, gab er einen Warnschuß in die Luft ab. Die beiden Jäger nahmen die Verfolgung auf und sahen beim Näherkommen in dem Graben ein Motorrad sowie 15 Kaninchen liegen. Sie brachen die Verfolgung ab, nahmen das Motorrad und versteckten es zunächst. Nach 15 Minuten lösten sich zwei Schatten aus der Nacht, wohl auf der Suche nach dem Rad. Wahrscheinlich hatten sie die beiden Jäger bemerkt, denn plötzlich richteten sie ihre Scheinwerfer auf sie, und die Strahlen trafen sie voll in die Gesichter. So etwas macht nicht nur die Tiere, sondern auch jeden Menschen hilflos. Die Wilderer gingen auf die beiden zu. Der Jagdschutzberechtigte forderte sie auf, stehenzubleiben und die Lampen zu löschen. Trotz mehrmaliger Aufforderung kamen sie jedoch immer näher und blendeten weiter. Bedrängt durch die Lage, gab der ältere Jäger wiederum einen Warnschuß ab, worauf die „Blitzer" erneut die Flucht ergriffen.

Morgens wurde das Motorrad bei der Polizei abgegeben und Anzeige erstattet. Nach hartem Leugnen gaben die beiden Wilderer ihre Taten zu. Später erhielt der Jagdschutzberechtigte anonyme Briefe, durch die er vor weiteren Handlungen gewarnt wurde. Auch wies man ihn darauf hin, daß man in Zukunft mit Gewehren wildern würde. Ein Wilderer soll auch gesagt haben: „Wenn mich ein Jäger stellt, schlage ich ihn tot!"

Vielleicht mag der eine oder andere Leser dazu sagen, daß in den Dünen der Inseln genug Kaninchen sind, die außerdem durch ihre Grabetätigkeit ein Risiko für den Küstenschutz darstellen, wenn sie nicht auch noch an der Kaninchenseuche „Myxomatose" erkrankt sind. Darum geht es nicht. Die den Küsten vorgelagerten Inseln gehören zu einem Bundesland. Und nach den rechtlichen Vorschriften gibt es dort Jagdgenossenschaften mit gemeinschaftlichen Jagdbezirken. Das Jagdausübungsrecht wird durch befugte Jäger wahrgenommen. Wer jetzt unter Verletzung fremden Jagdrechts dem Wilde nachstellt, ist nach den Vorschriften des Strafgesetzbuches ein Wilderer und wird bestraft. Dabei ist es gleichgültig, ob es sich bei dem gewilderten Stück „nur" um ein Kaninchen oder um einen riesigen Hirsch handelt. Daß die befugten Inseljäger selbst alles tun, um den Kaninchenbestand nicht übermäßig anwachsen zu lassen, ist hinreichend bekannt.

Ein besonderes Kapitel – die Kleinkaliber-Seuche

Mit Ausgang des zweiten Weltkrieges hatten alle deutschen Jäger ihre Jagdwaffen abzuliefern. Erst im Jahre 1952 begann wieder der freie Verkauf von Schußwaffen. Sieben Jahre nach Kriegsende war der Erwerb von Schußwaffen wesentlich leichter als gegenwärtig. Muß der Jäger heute neben einem Jagdschein auch noch eine Waffenbesitzkarte haben, in die jede Waffe eingetragen wird, so benötigte er in den Nachkriegsjahren derartige Papiere nicht. Jeder Bürger der Bundesrepublik brauchte zum Waffenerwerb nur eine Voraussetzung zu erfüllen, er mußte volljährig, also damals 21 Jahre alt sein. Eine Ausnahme machte hier nur der Erwerb von Kurzwaffen, also Pistole und Revolver. Natürlich waren die Erwerber von Langwaffen zum Führen derselben nur berechtigt, wenn sie entweder einen

Jagdschein oder einen Waffenschein besaßen. Aber darüber setzten sich viele einfach hinweg. So kam es in den fünfziger und sechziger Jahren zu dem, was man als Kleinkaliber-Seuche bezeichnete. Neben vielen anderen veranlaßte es auch den damaligen Kreisjägermeister von Oldenburg, im Jahre 1956 eine Eingabe folgenden Inhalts an den Präsidenten des Verwaltungsbezirks Oldenburg zu machen:

„Vor Jahren bereits bat ich den Herrn Präsidenten, geeignete Maßnahmen zu ergreifen gegen den Unfug, der von Jugendlichen durch unvorsichtigen Gebrauch von Schußwaffen, insbesondere Teschings und Luftgewehre getrieben wurde. Eine Verfügung des Herrn Präsidenten an alle Schulbehörden erging darauf hin.

Nachdem nun aber durch Änderung der waffengesetzlichen Bestimmungen der Erwerb und Besitz von Kleinkaliberwaffen allgemein gestattet wurde, hat der unverantwortliche Umgang mit solchen Waffen einen derart bedrohlichen Umfang insbesondere bei Schülern und Halberwachsenen, aber auch bei Erwachsenen angenommen, daß solchem Treiben nicht mehr ohne Gegenmaßnahmen zugesehen werden kann. Nicht nur die freilebende Tierwelt aller Art, sondern auch Menschen und Vieh geraten in Gefahr. Täglich werden aus Kreisen der Jagdausübungsberechtigten Klagen laut über Fälle von Wildfrevel mit Kleinkaliberwaffen. Rehe, Hasen, Flugwild und Kleinvögel werden Opfer jenes zügellosen Waffenmißbrauchs. Es erscheint demnach notwendig, daß die Polizei Anweisungen erhält, unnachsichtlich gegen die unberechtigten Schützen einzuschreiten, ggf. deren Eltern und Erziehungsberechtigte zur Rechenschaft zu ziehen. Den bisher in Einzelfällen erfolgten Bestrafungen und Haftbarmachungen war angesichts der geübten Milde offenbar sehr geringer Erfolg beschieden. Solche Maßnahmen würden allein voraussichtlich nicht genügend Erfolg haben. Es müßte daher eine eindringliche Aufklärung der Bevölkerung veranlaßt werden, sei es durch sich wiederholende Hinweise in der Tagespresse, nachdrückliche Verwarnungen daselbst oder ähnliche Maßregeln. Es ist mir bekannt, daß es im Sinne sämtlicher Jäger, sonstiger Freunde der freilebenden Tierwelt und weiter Kreise unserer Bevölkerung in Stadt und Land liegt, solche Bitte an die Regierung auszusprechen. Nicht verantwortlich überwachter Umgang mit Schußwaffen jeglicher Art müßte untersagt werden; bei Nichtgebrauch gehören Schußwaffe und Munition unter sicheren Verschluß, denn die Waffe ist kein Spielzeug.

Der Kreisjägermeister"

Da die Kleinkaliber-Seuche nicht nur ein landes-, sondern ein bundesweites Problem war, behandelte der Deutsche Jagdschutz-Verband, die Vereinigung der deutschen Landesjagdverbände, dieses Thema auf seiner Präsidialsitzung und seiner Hauptversammlung im Jahre 1956 in Darmstadt. In einer vorbereitenden Arbeitsunterlage heißt es unter anderem:

„In letzter Zeit mehren sich in bedenklichem Umfange Mitteilungen und Beschwerden über die zunehmende Wilderei mit Kleinkaliberwaffen. Die illegale Benutzung der KK-Gewehre beschränkt sich dabei nicht auf Örtlichkeiten in unmittelbarer Nähe von menschlichen Siedlungen, die bekanntlich seit langem zum Schauplatz schießlustiger, auf die Kleintierwelt Jagd machender Halbwüchsiger geworden sind, sondern erstreckt sich in zunehmendem Maße auf die Reviere selbst, wo jagdbare Tiere wie Ringeltauben, Fasanen, Kaninchen und Rehwild die Opfer sind. Die Rehe werden infolge der unzureichenden Waffenwirkung nur angeschossen und verenden nach tagelangen Qualen. Zur Eindämmung und Beseitigung dieses frevelhaften Treibens sollte der DJV in Übereinstimmung mit der Bundesanstalt für Naturschutz und Landschaftspflege und dem Deutschen Tierschutzbund folgende Wege beschreiten:

1. Eingaben an die zentralen Verwaltungsbehörden, daß diese durch entsprechende Verfügung die Vollzugsorgane zu strengerer Beobachtung der waffengesetzlichen Vorschriften hinweisen.

2. Das in Vorbereitung befindliche Länderwaffenrecht wird bezüglich des Handels, Besitzes und Führens von Schußwaffen einschneidendere Bestimmungen als das z. Z. geltende Waffengesetz von 1938 haben. Ein Vorstelligwerden des DJV bei dem zuständigen federführenden Ministerium sollte daher gerichtet sein auf

a) eine möglichst niedrig anzusetzende Auftreffenergie der waffenscheinfreien Schußwaffen . . .

b) einen beschleunigten Abschluß der Vorbereitungen dieses Entwurfes, damit er den Länderparlamenten baldigst vorgelegt und als Gesetz verabschiedet werden kann."

Es soll in aller Deutlichkeit darauf hingewiesen werden, daß auch die Jäger selbst immer wieder mit Forderungen an die zuständigen Behörden und an die Öffentlichkeit herantraten, um auf diese Mißstände hinzuweisen, die Bekämpfung der Wilderei also nicht allein den dafür Zuständigen überließen.

Die Gefährlichkeit der sogenannten Kleinkaliber-Waffen, das sind Gewehre mit gezogenen Läufen und Ein- oder Mehrschußeinrichtung und einem Kaliber von nur 5,6 mm, aus denen 2,55 Gramm (!) schwere Bleigeschosse verfeuert werden, ist immer wieder unterschätzt worden. Es gibt kaum ein anderes Kaliber, mit dem man auf 50 m Schußentfernung so präzise schießt wie mit dem Kleinkaliber. Zudem sind die Waffen selbst klein und handlich und können versteckt unter dem Mantel getragen werden, auch ist der Schußknall nicht sehr laut. Es ist aber auch für den Laien vorstellbar, daß ein so kleines und leichtes Geschoß in einem Wildkörper keine sofort tödliche Wirkung zeigen kann. Die so beschossenen Tiere sterben daher unter entsetzlichen Qualen nach mehr oder weniger langem Siechtum. Der Wilderer nimmt nur das sofort verendete Stück an sich, alle krankgeschossenen und flüchtenden Stücke werden von ihm wegen der Gefahr des Entdecktwerdens nicht nachgesucht. Einem von einem Wilderer mit Halsschuß getroffenem Reh konnte ein Jäger erst nach 14 Tagen (!) den erlösenden Fangschuß geben. In solchen Fällen kommt also neben der frevelhaften Wilderei noch die bewußt in Kauf genommene Tierquälerei als sehr erschwerendes Moment hinzu. Der Tod der mit KK-Büchsen beschossenen Tiere tritt bei auf dem Körper sitzenden Schüssen immer ein, nur der Zeitpunkt bleibt uneinschätzbar!

Im Jahre 1960 ereignete sich in Frankfurt ein tragischer Zwischenfall, bei dem durch einen angeblichen Geistesgestörten mehrere Personen getötet und weitere sechs Menschen durch Schüsse aus einem Kleinkaliber-Gewehr teilweise schwer verletzt wurden. Dieser Vorfall führte in der Öffentlichkeit erneut zu einer heftigen Diskussion und Kritik an der damaligen Waffengesetzgebung. Der Deutsche Jagdschutz-Verband nahm ihn zum Anlaß, erneut bei dem federführenden Ministerium des Innern des Landes Schleswig-Holstein den bekannten Standpunkt des DJV nachdrücklich zu vertreten. Die damals geltende Duldsamkeit im Waffenrecht, die sich zum unwiderlegbaren Nachteil der öffentlichen Ordnung und Sicherheit auswirkte, sollte jedenfalls durch eine Regelung ersetzt werden, die so traurige Vorfälle an Mensch und Tier nicht mehr möglich machte.

1961 wandte sich die Osnabrücker „Neue Tagespost" mit einem eindringlichen Appell an die breite Öffentlichkeit:

„Maßnahmen gegen ‚Wildschützen'

Die übergroße Mehrheit unseres Volkes billigt alle Bemühungen um den Vogelschutz. Aus eigenen Mitteln haben

Gemeinden und Naturschutzverbände Vogelschutzgehölze angelegt, um den Singvögeln Nistgelegenheit zu geben. Viele Besitzer von Gärten und Parkanlagen hängen Nistkästen auf. Die Zahl der gutherzigen Menschen ist nicht zu schätzen, die im Winter unseren Singvögeln Futterhäuschen und Futterringe aufhängen. Auch in den Schulen wird der Vogelschutz praktisch geübt.

Um so beschämender ist es, daß es bei uns Menschen gibt, die, wie der Beauftragte für Naturschutz und Landschaftspflege feststellte, nichts Besseres zu tun haben, als diese so geschützten und gehegten Vögel abzuknallen! Überall in Stadt und Land kann man feststellen, daß auf Straßen und Plätzen, in den Gärten und auf den Feldern wilde Schützen ihr Unwesen treiben. So wurde am ersten Pfingstfeiertag auf dem Kalkhügelgelände zwei wilden Schützen durch eine Funkstreifenbesatzung ihr Handwerk gelegt. Ein etwa dreißigjähriger Mann und ein Jugendlicher knallten seit Wochen, besonders an Sonn- und Feiertagen, alle Vögel ab, die ihnen vor die Flinte kamen, und konnten trotz Protestes zahlreicher Gartenbesitzer bisher nicht gestellt werden.

Als Waffen werden Luftgewehre und Kleinkaliber verwendet. Angeblich will man nur Jagd auf Spatzen machen. Aber dabei bleibt es nicht. Der Beauftragte für Naturschutz hat unter diesen zusammengeschossenen Vögeln Drosseln, Stare, Meisen, Zaunkönige, ja sogar einen Buntspecht feststellen können. Ein jugendlicher Flegel hat sogar wertvolle Brieftauben vor dem Schlag des Taubenzüchters abgeknallt, auch kamen Fasanenhennen zur Strecke. Dieses unsinnige Herumschießen zeigt auch eine Reihe von Unfällen. Sieben (!) Personen wurde innerhalb eines Jahres auf der Straße (!) ein Auge ausgeschossen. Wir werden dieser überhandnehmenden Schießflegelei nur dann Herr, wenn wirklich einschneidende Maßnahmen ergriffen werden und auch die Bevölkerung aktiv mithilft, den wilden Schützen das Handwerk zu legen. Das Waffengesetz verbietet den Gebrauch von Schußwaffen an allen bewohnten oder von Menschen besuchten Orten. Leider sind viele Eltern so unvernünftig, sogar ihren minderjährigen Kindern solche Waffen zu kaufen, obgleich solche Waffen nur an Personen über 18 Jahre abgegeben werden dürfen. Das sicherste Mittel, dieser Seuche Einhalt zu gebieten, dürfte sein, kleinkalibrige Schußwaffen unter Waffenscheinzwang zu stellen. Diesem wilden Schießen muß ein Ende bereitet werden. Es geht einmal dabei um die von uns sorgsam gehegten Singvögel, zum anderen um Gesundheit und vielleicht sogar um das Leben von Menschen."

Die Presse wurde allgemein aufmerksam und berichtete laufend über Wildereifälle mittels Kleinkaliber.

Diepholzer Kreisblatt, 1961: „In der Feldmark Jac.-Drebber wurde eine tragende Ricke gefunden, die mit einem Kleinkalibergewehr angeschossen worden war und dann verendete."

Oldenburgische Volkszeitung, Vechta, 1961: „Im Revier Bätholt wurde eine schwere Jagdwilderei festgestellt. Am B.-Graben in der Nähe des Torfwerkes Dr. Brinkmann fand der Jagdpächter Hermann Bruns aus Bätholt eine dreijährige Ricke mit zwei Kitzen verendet auf. Die Ricke wies einen Durchschuß aus einem Kleinkalibergewehr auf und muß an dieser Verletzung qualvoll verendet sein. Die Kitze waren schon vor dem Tod der Ricke gestorben. Vermutlich sind sie verhungert."

Kreiszeitung Hoya-Syke, 1961: „Die Zahl der Wildereien, bei denen die Täter Schußwaffen benutzen, ist im Jahre 1960 in Niedersachsen wieder gestiegen. Wie die niedersächsische Landeskriminalpolizei in ihrem Jahresbericht für 1960 mitteilt, bevorzugten die Wilderer Kleinkaliberwaffen. Insgesamt wurden der Kriminalpolizei im vorigen Jahr 137 Fälle von Wilderei bekannt. 77 Wilderer machte die Polizei dingfest, das sind 15 mehr als 1959!

Gute Dienste bei der Fahndung leistete der Polizei eine zentrale Wildererkartei, in der bereits 1 390 Namen verzeichnet sind. Die Kartei ist nach Angaben der Polizei deshalb besonders nützlich, weil zahlreiche Wilderer rückfällig werden und dann anhand der Kartei relativ leicht gefunden werden können."

Kreiszeitung Oldenburg, 1961: „Eine Tiertragödie und gleichzeitig ein Beispiel unglaublicher menschlicher Roheit: Vor einigen Tagen wurde im Jagdbezirk Torsholt eine führende Ricke verendet aufgefunden. Dabei befanden sich zwei verängstigte, ausgehungerte Kitzchen, die noch am toten Mutterleib zu säugen suchten. Leider ist es nicht gelungen, die kleinen, bedauernswerten Geschöpfe in sichere Obhut zu nehmen, und es muß daher damit gerechnet werden, daß sie aus Nahrungsmangel ebenfalls umkommen. Eine nähere Untersuchung ergab, daß die Ricke einem Waidwundschuß (d. h., einem Schuß in die Bauchhöhle und den Magen) mit einem Kleinkalibergeschoß zum Opfer gefallen ist . . ."

Schaumburger Zeitung, Rinteln, 1961: „In den letzten Jahren hat man in Schaumburg-Lippe erfreulicherweise nur sehr wenig über Wilddiebe gehört. Es ist sicher auch längst nicht mehr so leicht, in den reichen Wildgebieten des Bückeberges oder des Schaumburger Waldes unerkannt zu jagen. Dennoch wurden immer wieder Fälle bekannt, daß vornehmlich Jugendliche oder Heranwachsende mit Luft- oder auch Kleinkalibergewehren in der Nähe bewohnter Gebäude schießen. Sie haben sich dabei leider nicht nur Scheiben, sondern in ständig wachsendem Maße auch

Tiere als Ziele ausgesucht. So werden immer wieder verendete Singvögel oder auch verludertes Niederwild gefunden, das angeschossen ist oder auch langsam verendete. Ein ganz übler Fall dieser Wilddieberei wird jetzt aus Kirchhorsten gemeldet. Dort wurde in der vergangenen Woche eine zweijährige Ricke aufgefunden, die von einem Kleinkalibergeschoß getroffen worden war und sich in die Felder geschleppt hatte. Zwei Tage mußte das Tier mit dem Tode kämpfen, bevor es verendete. Die Bevölkerung ist über eine solche gemeine Tat empört! Für den gemeinen Frevel gibt es keine Entschuldigung, und eine harte Strafe wäre angebracht."

Ein Wildereiprozeß mit „sozialkritischer Komponente" fand 1961 vor dem Lüneburger Schöffengericht statt. Aus lauter Langeweile wurden der 31 Jahre alte X. und sein 23 Jahre alter Arbeitskollege Y., beide aus Hamburg, zu Wilddieben. Weil sie mit ihrer abendlichen Freizeit nichts anzufangen wußten, gingen sie auf die Pirsch und knallten ab, was ihnen vor's Rohr kam. Die beiden Angeklagten waren im Mai auf einer Baustelle im Landkreis Lüneburg tätig gewesen. Mit eigenem Auto pflegte X. von Hamburg aus zur Arbeit zu fahren und nahm dabei seinen jüngeren Kollegen im Wagen mit. Beide wurden am Feierabend von Langeweile geplagt. So kamen sie denn auf die Schnapsidee, „zur Jagd zu gehen". Daß sie keinen Jagdschein besaßen, bereitete ihnen kein Kopfzerbrechen. Sie hatten, wie sie sagten, noch nicht einmal eine Ahnung, daß man „so was" brauche.

An einem Montag begann es. Die beiden – verheiratete Familienväter – waren übers Wochenende zu Hause in Hamburg gewesen, und X. hatte mit dem soeben erst erstandenen Kleinkalibergewehr in seinem Garten auf Spatzen und Stare geschossen. Am Montagabend auf der Heimfahrt – das Gewehr hatte man zwecks „Freizeitgestaltung" mitgenommen – kam man dann auf den Gedanken, unterwegs anzuhalten und seine Schießkünste einmal an ein paar Rebhühnern zu erproben. Weil das über Erwarten glänzend gelang, legte man solch unterhaltsame Fahrpausen in den folgenden Wochen immer öfter ein. Mal blieben Hasen, mal Fasanen, mal wieder Rebhühner auf der Strecke. Die Jagdbeute nahm man mit nach Hause und verzehrte sie später gemeinsam und mit wachsendem Appetit. Auch auf der morgendlichen Hinfahrt ging man deshalb schon ab und zu auf die Pirsch. Eines Tages wurden die beiden dann von einem Jagdpächter gestellt und auf den nächsten Polizeiposten gebracht. Hier erfuhren die angeblich Ahnungslosen, daß sie ihre Wilderei auch noch in der Schonzeit betrieben hätten, und dies sei nach dem Gesetz schwere Wilderei.

Der Staatsanwalt knüpfte an diese „Freizeitgestaltung" der beiden ein paar kritische Bemerkungen, bei denen vom „Segen oder Unsegen des Acht-Stunden-Tages" die Rede war und auch davon, daß vor allem bei Jugendlichen und Heranwachsenden in immer schlimmerem Umfange deutlich werde, daß sie gar nicht ausgelastet seien.

Die verhängten Gefängnisstrafen wurden zur Bewährung auf drei Jahre ausgesetzt . . .

In diesem Zeitabschnitt entstand das, was heute mit Auto-Wilderei bezeichnet wird. Aus dem örtlichen Täter von früher wurde der mobile überörtliche Täter, der, ausgerüstet mit Auto und Kleinkaliberwaffe, heute in Schleswig-Holstein und morgen in Hessen oder Bayern wildert. In der Dunkelheit der Nacht wird das Wild angeblendet und im Lichte der Scheinwerfer er- oder beschossen. Was nicht liegt, wird auch hier nicht nachgesucht! Diese Burschen zu fassen, wird immer schwieriger. Die „Marktlage" für gewildertes Wild ist nach wie vor gut.

Der Deutsche Jagdschutz-Verband wiederum war es, der in seiner Pressenotiz Nr. VI/1961 auf die neue Form der Wilderei hinwies:

„Seit einigen Jahren nehmen in den westdeutschen Revieren die Wilderer wieder zu. Viele von ihnen wildern aus Jagdleidenschaft, aber auch die Zahl der reinen „Fleischmacher" steigt wieder an. In Nordrhein-Westfalen, wo 22 Kriminalbeamte zu Spezialisten in der Wildererbekämpfung ausgebildet wurden, werden in einer Kartei die Namen von 2 147 Wilderern geführt, gegen die Ermittlungsverfahren eingeleitet wurden (Anmerkung: Wir kennen eine solche Kartei bereits aus Niedersachsen). Aus noch nicht aufgeklärten Fällen liegen Unterlagen über 6 520 noch unbekannte Täter vor. Bei den ermittelten Straftaten wurde gewildert in

960 Fällen mit Kleinkaliberwaffen,
300 Fällen mit Frettchen und Hunden,
200 Fällen mit ordnungsgemäßen Jagdwaffen,
170 Fällen mit Fallen und in
130 Fällen mit Luftbüchsen.

In den restlichen Fällen wurden Schlingen angewandt. Außerdem gibt es noch Wilderer mit Pistolen und kunstvoll gebastelten Wildererwaffen, die zum Teil mit Schalldämpfer versehen sind. Besonders charakteristisch ist die Zunahme des Wilderns mit motorisierten Fahrzeugen. Allein im Jagdjahr 1959/60 wurden den Wilderern in Nordrhein-Westfalen abgenommen: 15 Jagdwaffen, 100 Kleinkaliberwaffen, 150 teils selbstgefertigte Schußwaffen und 5 Pistolen."

In diese Zeit fällt auch jener aufsehenerregende Fall aus Braunschweig, bei dem die Braunschweiger Kriminalpolizei zwei 27 und 29 Jahre alte Stadteinwohner der Wilderei in großem Stil überführen konnte. Die beiden hatten allein an acht Novembertagen des Jahres 1961 Rehe und Hasen im Gewicht von etwa 150 Kilogramm erlegt. Sie wurden außerdem überführt, während der Schonzeit zwei Rehböcke gewildert zu haben.

Die Wilderer benutzten zu ihren Taten einen Mercedes 220 mit hannoverschem Kennzeichen, mit dem sie z. B. zwischen dem 15. und 30. November 1961 über 4 000 km zwischen Flensburg und Nürnberg zurücklegten. Mit den Scheinwerfern des Wagens blendeten sie nachts das Wild und schossen dann mit einem Kleinkalibergewehr auf die Tiere. Wurde das Wild nur verletzt und war fluchtunfähig, versuchten sie, der verwundeten Tiere habhaft zu werden und ihnen die Kehle durchzuschneiden. Ihre Beute verkauften sie regelmäßig an Braunschweiger Gaststätten.

Trotz steigenden allgemeinen Wohlstands häuften sich die Fälle von Wilderei im ganzen Lande. Es schien so, als entwickele sich die Wilderei zu einer Art Breitensport. Glaubte man bis dato noch, Wilderei gehöre der Vergangenheit an und sei zudem überwiegend eine bayerische Angelegenheit, so wurde man jetzt eines Besseren belehrt. Die Wilderei blühte! Die Hiobsmeldungen kamen jetzt aus allen Landesteilen, kein Landstrich blieb verschont. Dabei muß bedacht werden, daß es kaum eine strafbare Handlung mit einer so hohen Dunkelziffer gibt wie die Wilderei.

In selten einmütiger Art und Weise haben sich die Journalisten des Problems angenommen, wie auch ein Bericht aus dem General-Anzeiger Westrhauderfehn (Ostfriesland) aus dem Jahre 1962 zeigt:

„Erst am vergangenen Sonnabend haben wir über gewissenlose Taten von Wilderern, die leider bisher noch nicht gefaßt werden konnten, berichtet. Aber es geht weiter. Die Klagen über Wildfrevel häufen sich. So wurde in den letzten Tagen von einem Jäger in der Gegend Westrhauderfehn eine Häsin gefunden, die durch einen Kleinkaliberschuß durch beide Hinterläufe ein qualvolles Ende genommen hatte. Da die Häsin Milch im Gesäuge hatte, dürften dazu noch einige Junghasen elendig umgekommen sein. Daß in dieser Gegend sogar Fasanen auf diese Art erlegt werden, ist bekannt.

Dieser Vorfall – sicherlich einer von vielen – und der vor einigen Tagen veröffentlichte Artikel über Rehwild in der Schlinge zeigen wieder deutlich, daß bei den Wilderern wenig von der in Heideschnulzen besungenen Jagdleidenschaft zu spüren ist. Mit unzulänglichen Mitteln und Waffen wird um ein paar Pfund Fleisch das Wild aus niedersten Instinkten zu Tode gequält. Wirtschaftliche Gründe spielen doch heute wirklich keine Rolle dabei. Die Jägerschaft allein wird kaum in der Lage sein, wirksame Abhilfe zu schaffen. Die bestehenden Verdachtsmomente gegen diese Fleischmacher könnten durch Hinweise bei den Polizei- und Jagdbehörden erhärtet werden."

Mit der Wiedergabe dieses Berichts soll zugleich all jenen Journalisten gedankt sein, die sich in den schwierigen fünfziger und sechziger Jahren des Problems annahmen, bei der breiten Öffentlichkeit Verständnis für die gequälte Kreatur weckten und damit den Kampf der Jägerschaft gegen die Wilderei unterstützten.

Auf den „freien Wildbretschützen" wartet das Gefängnis

Auf Veranlassung des Niedersächsischen Ministers für Justiz, Dr. v. Nottbeck, erschien im Herbst 1962 ein Aufruf, der der gesamten niedersächsischen Presse zugestellt wurde und als wichtigstes Zeitzeugnis gewertet werden kann, weil er auf die neue Form der Jagdwilderei hinweist – die Autowilderei:

„Das Wildererunwesen in Niedersachsen scheint trotz der Verhängung strenger Strafen nicht abzunehmen. Täter sind oft nicht die Wilddiebe alter Prägung, sondern jugendliche Kleinkaliberschützen, die weder Wald noch Wild kennen.

Die Freude am Umgang mit Waffen, der durch das Waffengesetz nicht immer ausreichende Grenzen gesetzt sind, kann zur Schießlust und zur Lust am Töten werden. Meist wird der erste Schuß, der ohne Sachkunde und verantwortungsbewußte Anleitung abgegeben wird, schon eine strafbare Handlung sein, nämlich eine Übertretung der Bestimmungen gegen das Schießen an bewohnten oder von Menschen besuchten Orten. Die ersten Opfer gezielter Schüsse auf Tiere sind dann vielfach unter Naturschutz stehende Vögel. Damit begibt sich der Täter in den Bereich der Tatbestände, die strafrechtlich unter Umständen als Vergehen nach dem Naturschutzgesetz zu werten sind, also mit Gefängnis bestraft werden können. Ungenügend bekannt scheint auch zu sein, daß bereits das Betreten fremden Jagdgebietes mit einer Waffe außerhalb öffentlicher Wege strafbar ist. Vom bewaffneten Umherstreifen in Wald und Feld bis zur Wilderei, d. h., bis zum ersten Schuß auf jagdbares Wild – wozu z. B. auch Wildtauben und Kaninchen gehören – ist es nur noch ein kleiner Schritt. Das Gesetz sieht dafür, was oft genug nicht bedacht wird, Gefängnis bis zu 5 Jahren vor. (Anmerkung: 1962!) Die Jägerschaft ist besonders empört über die Bedenkenlosigkeit und die Roheit mancher Täter; sinnlos werden sogar unter Naturschutz stehende Tiere abgeknallt, oder es wird mit Kleinkaliberwaffen stärkeres Wild beschossen, das in der Regel nur verletzt wird und dann qualvoll verendet. Eine der verwerflichsten Arten, das Wildern vom Kraftfahrzeug aus, insbesondere bei Dunkelheit mit Hilfe der Scheinwerfer, breitet sich weiter aus. Solche Untaten sind besonders schwere Fälle der Jagdwilderei, die härter als die einfache Wilderei bestraft werden. Bei gewerbs- oder gewohnheitsmäßiger Wilderei können sogar Zuchthausstrafen verhängt werden.

Das Justizministerium hat unter diesen Umständen allen Anlaß, vor allem die Eltern und die Erziehungsberechtigten zu warnen. Wer einen seiner Obhut anvertrauten Jugendlichen mit einer Kleinkaliberwaffe oder einem anderen Gewehr ohne Aufsicht und Anleitung umgehen läßt, muß damit rechnen, für die Folgen, die sich aus dem fahrlässigen, leichtfertigen oder gar bewußt rechtswidrigen Gebrauch der Waffe ergeben können, zur Verantwortung gezogen zu werden. Strafrechtlich gesehen bedeutet das, daß eine fehlgehende oder verirrte Kugel, die einen Menschen trifft, nicht nur dem fahrlässigen Schützen, sondern auch den Erziehungsberechtigten unter Umständen eine Anklage wegen fahrlässiger Körperverletzung oder fahrlässiger Tötung einbringen kann. Selbst wenn niemandem etwas passiert, droht den Erziehungsberechtigten in derartigen Fällen doch ein Strafverfahren wegen Verletzung ihrer Aufsichtspflicht, ganz abgesehen davon, daß die Waffe und ein etwa benutztes Kraftfahrzeug eingezogen werden können. Darüber hinaus setzen sich Erziehungsberechtigte, die Jugendlichen den unrechtmäßigen Umgang mit Schußwaffen gestatten, zivilrechtlichen Schadenersatzansprüchen aus, die ihren finanziellen Ruin bedeuten können.

Das Land Niedersachen hat sich bei den Beratungen des Entwurfs für ein neues Strafgesetzbuch mit Erfolg dafür eingesetzt, daß die Wilderei vom Kraftfahrzeug aus als Beispielfall schwerer Jagdwilderei bestraft wird; ferner droht der Entwurf eines neuen Strafgesetzbuches dem gegen Menschen gewalttätigen Wilderer die gleiche Bestrafung an, die einen Räuber trifft. Hiermit ist richtig erkannt, daß das Wildern nicht allein wegen des Wildes, das der Jagdberechtigte verliert, und auch nicht allein wegen der mit dem Wildern oft verbundenen Tierquälerei energischer Bekämpfung bedarf, es ist auch die besondere Gefahr berücksichtigt, die jedermann von einem bewaffnet im Walde umherstreifenden und leichtfertig schießenden Rechtsbrecher, insbesondere im Falle eines überraschenden Zusammentreffens, droht.

Eine schlagkräftige Strafverfolgung ist in der heutigen Zeit, in der Wilderer mit dem Kraftfahrzeug sehr schnell einsame Gegenden erreichen, wieder verlassen und täglich den Tatort wechseln können, ohne Hilfe der einheimischen Bevölkerung erschwert. Die Bevölkerung sollte daher alle Beobachtungen, die auf Wilderei schließen lassen, sofort dem zuständigen Jagdschutzbeamten oder der Polizei mitteilen."

Heute werden fast alle Wildereidelikte unter Benutzung eines oder mehrerer Kraftfahrzeuge begangen. Besonders verwerflich ist die Beobachtung, daß krankgeschossenes Wild grundsätzlich nicht nachgesucht wird, weil die Gefahr des Entdecktwerdens zu groß ist. Das so geschundene Wild wird erst nach Stunden, Tagen oder Wochen elendig verenden. Die Qualen einer Bauchfellentzündung nach durchschossenen Gedärmen lassen sich nicht beschreiben . . . Ebenso wird der Zustand einer hochschwangeren Rehmutter, deren Gebärmutter nebst Tracht (Junge) durchschossen ist und die erst nach Tagen stirbt, unbeschreiblich bleiben . . .

Das „Celler Jagdschutz-Modell"

Im Jahre 1969 entstand das Celler Jagdschutz-Modell, eine Einmaligkeit in der Bundesrepublik Deutschland. 35 Beamte der Celler Schutz-, Verkehrs- und Kriminalpolizei ließen sich freiwillig in einem zehnwöchigem Speziallehrgang ausbilden, um den Wilderern mit fachmännischem Wissen an den Kragen zu gehen. Kriminalobermeister Arthur Micheel war der Begründer dieses Modells moderner Wildererbekämpfung. Die „Polizeijäger" fuhren seitdem regelmäßig Kontrollfahrten, Streifen der Schutzpolizei durchquerten auf Anweisung die jeweiligen Waldgebiete, und die Ermittlungen übernahmen die Beamten ebenfalls freiwillig nach Feierabend. Dafür bekamen sie die Möglichkeit, in den Revieren selbst zu jagen. Und nur so konnten sie den Schlingenlegern, Fallenstellern oder Autowilderern wirklich das Handwerk legen.

Vom neuen Waffengesetz erwarteten die mit dem Jagdschutz betrauten Beamten nicht viel. Micheel sagte damals: „Die Wilderer sind bereits so gut eingedeckt, daß sie keine neuen Waffen mehr brauchen."

Jäger und Beamte standen auch damals schon der Autowilderei ziemlich machtlos gegenüber. Ein Schuß und ein Motorengeräusch, und wenn es gut geht, noch ein paar nichtssagende Autospuren . . . Aber die Schlagkraft dieser Truppe lag in der Vorbeugung, und das Celler Jagdschutz-Modell zeigte das bald sehr deutlich: Die Aufklärungsquote stieg nur sehr gering, aber die Zahl der Wildereifälle sank im Jahr um ein Drittel!

Die Wildmörder vom Saupark Springe

Am 11. Februar 1971 fand vor dem Amtsgericht Springe am Deister ein Mammutprozeß gegen eine Wildererbande statt, wie er seit Kriegsende im Kreise Springe und wahrscheinlich auch nicht mehr in einem anderen deutschen Gerichtssaal je durchgeführt wurde. In der Zeit von neun Uhr morgens bis zehn Minuten nach Mitternacht hatten Richter und Schöffen eine Wildereitatserie zu rekonstruieren, bei der von fünf Tätern zwei Frischlinge, ein Dachs, ein Überläufer, vier Keiler, ein Damspießer, ein Dam-Alttier und zwei Rehböcke auf teilweise brutalste Art hingemordet worden waren. Ein beteiligter Revierförster-Anwärter hatte es in schamloser Weise fertiggebracht,

seine in seinem ehemaligen Lehrrevier Saupark/Brünning-
hausen erworbenen Orts- und Wildeinstandskenntnisse
rücksichtslos auszunutzen. Auch diese Tatsache brachte
viele Interessierte auf die Beine, so daß neben den Jägern
viele Forstbeamte im Zuschauersaal saßen.

Die Anklage warf den Tätern vor, vom November 1968 bis
zum August 1969 in sechs bis neun Fällen gemeinschaftlich
Wild gejagt zu haben, zum Teil in der Schonzeit und mit
künstlichen Lichtquellen.

Als erstes Tier wurde ein Frischling gestreckt, der, es lag
noch Schnee, mit einem Gewicht von neun (!) Pfund zur
Strecke gebracht wurde. Ebenso ein Frischling mit
15 Pfund. Beide Tiere waren angeblich so geschwächt, daß
sie kaum den Winter überstanden hätten. Die Täter W.
und K. waren mit Erlaubnis von Oberförster M. im Saupark, um zu fotografieren. Angeblich sahen sie an einer
Fütterung die beiden schwachen Tiere, die sie mit den
Händen niederzwangen und mit dem Messer abfingen.
Wenig später erlegte K. im Revier seines Arbeitgebers in
Schaumburg-Lippe einen Dachs, der jedoch, wie sich bei
der Gerichtsverhandlung herausstellte, richtig geschossen
worden war. Im März begaben sich W. und K. wieder in
den Saupark. Dort erlegten sie während der Schonzeit eine
Überläufer-Bache (weibliches junges Wildschwein). Als
sich zu K. und W. noch der L. gesellte, fuhren alle drei in
den Saupark, meistens mit dem Pkw des K., und erlegten
dort einen jungen Damhirsch (Spießer), ein Damwild-
Alttier und einen Keiler während der Schonzeit.

W. und L. fuhren einige Wochen später in das Revier von
Herrn X. nach Rotenburg, wo K. zu Besuch weilte. Dort
erlegten sie ohne Wissen des Jagdpächters X., und ohne
angeblich K. etwas davon erzählt zu haben, je einen Rehbock, von dem der eine ein Zukunftsbock, der andere ein
geringes Stück war. W., K. und ein weiterer „Jagdgenosse"
namens Bl. fuhren später nochmals in den Saupark und

brachten dort einen starken Keiler zur Strecke. W. fuhr mit L. nach einigen Wochen wieder in den Saupark und erlegte dort mit ihm zwei nicht geringe Keiler.

L. und Sch. wurde vorgeworfen, Wild angenommen und verwertet zu haben. Sch. hatte dabei von den anderen Wilderern einen Damhirsch für zweihundert Mark erworben. Es konnte ihm nicht nachgewiesen werden, von der Wilderei der anderen etwas gewußt zu haben. Er wurde freigesprochen.

Wie kam es zu diesem Zusammenfinden der Jagdkumpane? L., der nebenbei als Präparator arbeitete, hatte in der Jagdpresse eine Anzeige aufgegeben, durch die man sich kennenlernte.

Auf die Frage, wieso die Angeklagten W. und K. die beiden Frischlinge mit dem Messer abgefangen hätten, statt den zuständigen Forstbeamten zu informieren, sagten sie aus, daß man die Tiere ja zu dem Förster hätte bringen wollen. Im übrigen sei Abfangen oft besser und genauer als ein Schuß. Dennoch hatte K. ein Tier, nachdem es bereits tot war, nochmals mit einem Gewehrschuß durchlöchert, um so augenscheinlich das Abfangen zu vertuschen. Anschließend hatte K. (der Revierförsteranwärter) den Abschuß dieses Schwarzkittels in sein Streckenbuch eingetragen und das Wild als im Revier Schaumburg-Lippe erlegt ausgegeben! Auf die Frage des Gerichtsvorsitzenden, ob er, K. nicht ein komisches Gefühl bei dieser angeblichen „Notschlachtung" im fremden Revier gehabt habe, sagte der Angeklagte: „Die Vernunft ist nicht mehr da, wenn man solche schwachen Stücke sieht. Ich bevorzuge natürlich den Fangschuß, das ist humaner, aber im übrigen ist es ganz normaler Jagdtrieb, schwache Stücke zu erlegen."

Auf den stärkeren Frischling (nordwestlich der bekannten Wolfsbuche erlegt) angesprochen, sagte K.: „Wir haben alle davon geschwärmt, einmal mit der Saufeder (spießähnliches Jagdgerät) zu jagen, aber eine Hundemeute mit in den Saupark zu nehmen, das ginge ja wohl nicht!" Dieses Tier wurde nach Anpirschen an den Hinterläufen gegriffen, umgeworfen und ebenfalls mit dem Messer abgefangen. Dazu K. lakonisch: „Wenn die Sauen nicht zu mir kommen, gehe ich zu den Sauen!"

Die Idee zum Abschuß der Überläuferbache – so wurde festgestellt – ging von K. aus, W. war daran beteiligt.

Die Sache mit dem Damspießer war so:

Im Februar 1969 wurde H. von K. und L. eingeladen. Weil H. auf seinem Pkw Winterreifen hatte, wurde dieses Fahrzeug benutzt. Es hieß, man wolle ins Lehrrevier von K. fahren. Mit einer Stablampe blendete L. das Stück an und schoß auch. Als K. mit anfassen sollte, habe er gesagt: „Ich faß' das nicht an, ich kann kein Blut sehen." (Lautes Gelächter im Gerichtssaal!). An der Weser wurde das Stück dann aufgebrochen. Auf der Rückfahrt habe eitel Freude geherrscht, und L. und K. hätten das Stück dann einem Wirt angeboten. H. sei zum Wirt gegangen und habe das Geld geholt. Jeder habe von dem Geld etwa fünfzig bis sechzig Mark bekommen.

Bei der Erlegung eines Damwild-Alttieres wie auch bei allen weiteren Tieren war H. nicht mehr mit von der Partie. Den Schuß, der dieses Tier zur Strecke brachte, hatte Frau B. vom Jagdschloß um etwa 22 Uhr gehört, Oberförster P. fand am nächsten Tage Schweißspuren und Schleifstellen. Das war im Saupark der erste Beweis, daß Wilderer am Werk waren.

Als es um die Erlegung des 220 Pfund schweren Keilers an der Mangelwiese ging – K., W. und L. waren die Täter, W. hatte geschossen – fuhr der zweite Gerichtsvorsitzende K. an: „Seien Sie endlich ein Mann und bekennen Sie sich wenigstens zu dem, was Sie getan haben!"

Auf die Frage, ob der Keiler mit künstlichem Licht geschossen worden sei, sagte L.: „Wir schießen weidgerecht und nicht mit Licht!"

Einen starken Keiler erlegte W. ebenfalls im Saupark. Mühsam herangezüchtet, war er unter dem Namen „Herr von Quetzen" allen Verantwortlichen im Saupark bekannt. Sein Gewicht betrug runde 90 Kilogramm. Äußeres Merkmal war sein hervorragender Körperbau und seine Größe; gekennzeichnet war er mit einer Erkennungsmarke im Ohr. als W. ihn geschossen hatte, sei K., der mit dieser Sache nichts mehr zu tun haben wollte, auf ihn zugekommen und habe „Weidmannsheil" gesagt, habe sich umgedreht und sei weggefahren. Der Vorsitzende fragte K., wenn er so fest vorgehabt hätte, auszusteigen, weshalb er dann vor dem Saupark mit dem Pkw gestanden habe. „Nun, so einen starken Keiler sieht man nicht alle Tage, ich habe Passion und wollte mir das erlegte Stück anschauen", war K.'s Antwort.

Zwei dreijährige Keiler schoß W. am 8. 8. 1969. L. war dabei und verkaufte die Tiere später für den Gegenwert von rund 300 DM. Als man die Keilerwaffe (Zähne) als Beweis vorzeigte, wurde auch der Zeuge G. vernommen, bei dem ein Stück verzehrt worden war. Bei ihm an der Wand hatte man die Waffen des Keilers gefunden. Als das Gericht ihn höflich fragte, ob er Wert auf diese Waffen legte oder ob sie dem rechtmäßigen Besitzer, nämlich dem Staat, zugeführt werden könnten, sagte G.: „Eigentlich hätte ich sie ja gern wieder, denn ich möchte sie doch gern an meine Wand hängen." Natürlich wurden die Keilerwaffen eingezogen.

Als die Wilderei eines weiteren Keilers zur Sprache kam, gab W. an, diesen mit einer Waffe im Kaliber .222 Remington geschossen zu haben. (Anmerkung: Dieses sehr kleine Kaliber ist für die Jagd auf Hochwild wegen unzureichender Wirkung verboten.) Auf den Vorwurf, daß dies ja jagdrechtlich nicht zulässig sei, schwenkte er auf die Tatsache ein, daß man am vermutlichen Abschußort eine Hülse vom Kaliber 8×60 gefunden habe, und gab an, mit dieser Waffe geschossen zu haben. Später widerrief er das jedoch entschieden; die Waffe war ein Erbstück, und er versuchte alles, das Gewehr vor der Einziehung zu retten.

Das Forstamt Saupark legte in dem Prozeß den Wert der Beute fest. Danach betrug der Preis des Lebendwildes je Frischling 500 DM, Überläufer 600 DM, Damspießer 800 DM, Dam-Alttier 600 DM und je Keiler 1 200 DM.

Die Einwände des Angeklagten K., man könne die Tiere erheblich billiger aus dem Tierpark Kirchrode besorgen, kamen nicht an, weil man hier im Saupark andere Verhältnisse zugrunde legen müsse. Es war unverständlich, mit welcher Selbstsicherheit, Arroganz und dem Vorwand, stets weidgerecht „gejagt" zu haben, die Angeklagten es sich herausnahmen, ihre Meinung in der Verhandlung kundzutun. In einer Verhandlungspause rief K. einem Pressevertreter u. a. zu: „Wir kommen uns tief im Herzen getroffen vor. Die Spitzen, die uns von allen Seiten untergejubelt werden, stimmen uns traurig."

Der Prozeß dauerte bis weit in die Nacht hinein. Zehn Minuten nach Mitternacht wurden die Urteile verkündet:

W. bekam 16 Monate Haft und 500 DM Geldstrafe, L. 14 Monate Haft und 500 DM Geldstrafe, K. fünf Monate Haft und 300 DM Geldstrafe. H. und Sch. wurden freigesprochen. Die Haftstrafen wurden zur Bewährung ausgesetzt. Es versteht sich, daß die Waffen eingezogen wurden, Jagdschein- und Fahrerlaubnissperren wurden angeordnet. Lediglich der Pkw des Halters K. konnte nicht eingezogen werden, er gehörte dessen Vater. Den Jägern und Förstern, die den Saal füllten, blieb Resignation und Achselzucken.

Egon Anheuser, Präsident des Deutschen Jagdschutz-Verbandes, Bonn, zum Wildererprozeß von Springe: ". . . Es ist bedauerlich, daß es immer noch sogenannte Jäger gibt, die mit ihrem unweidmännischen Verhalten – in diesem Falle der übelsten Sorte von Wilderei – den Ruf der Jägerschaft ruinieren . . ."

Die Wilderei in der Gegenwart

Obwohl die Wilderei den Bestand vornehmlich an Schalenwild, also Hirsch, Damhirsch, Sau und Reh, in jedem Jahr stark reduziert, spielen die Delikte in der großen Statistik der Landeskriminalpolizeiämter nur eine untergeordnete Rolle. Als Beispiel mag das Jahr 1975 dienen, in dem die Wilderei in Niedersachsen nur einen – rechnerisch – verschwindend geringen Anteil von 0,17 % an der Gesamtzahl von 293 106 bearbeiteten Straftaten ausmachte. Dieser geringe Anteil ist auch ausschlaggebend dafür, daß die Polizei von diesem Täterkreis seit Jahren keine besonderen Analysen mehr erstellt. Damit soll nicht gesagt sein, daß sie dem Problem „Wilderei" keine große Aufmerksamkeit mehr schenkt, im Gegenteil! Schulungen von Spezialbeamten in hervorragend ausgestalteten Lehrgängen finden nach wie vor statt. Eine Statistik aus dem Zeitraum 1965 bis 1972 vermittelt Eindrücke, die zugleich darauf hinweisen, daß die Wilderei nicht nur in allgemeinen Notzeiten betrieben wurde, denn in dem statistisch erfaßten Zeitraum gab es weder allgemeine Not, noch kannte man das Problem der Arbeitslosigkeit.

Von den statistisch gemeldeten Fällen und erfaßten Tätern wurden jeweils nur die bedeutsamen und zur Auswertung geeigneten Straftaten berücksichtigt. Die Zahl der Täter ist jeweils höher, weil oftmals eine Straftat, Wilderei, von mehreren gemeinsam begangen wurde.

	1965	1966	1967	1968	1969	1970	1971	1972
Aufgeklärte Fälle	104	74	79	80	90	175	204	356
Unaufgeklärte Fälle	108	179	204	174	185	201	350	146

In den Jahren von 1967 bis 1972 wurden von Wilderern in Niedersachsen geschossen, geschlingt und gefangen:

Rot- und Damwild: 81 Stück
Schwarzwild: 53 Stück
Rehwild: 1 012 Stück
Hasen und Kanin: 587 Stück
Federwild: 726 Stück

Da man bei Wildereidelikten mit einer Dunkelziffer von über 500 % rechnet, läßt sich über die wirklichen Wildtierverluste kaum etwas sagen. Schwerpunkt der Wildereifälle im Jahr 1972 war wieder das Gebiet der Lüneburger Heide. Bei etwa zwei Dritteln aller bekannt gewordenen Fälle wurde das Kleinkalibergewehr als Tatwaffe, zum größten Teil aus dem Kraftfahrzeug, festgestellt.

Im selben Zeitraum wurden im Bundesgebiet insgesamt 2 572 530 Straftaten begangen, davon waren 2 484 Fälle von Jagdwilderei. Auch bundesweit muß die Zahl der erfaßten Wildereifälle kritisch gesehen werden, denn auch hier ist davon auszugehen, daß der Polizei nur etwa zehn Prozent der tatsächlich begangenen Fälle bekannt werden. Bei der allgemeinen Kriminalität werden im Mittel bei 0,6 % aller Fälle Schußwaffen verwendet oder mitgeführt, bei der Wilderei schnellt die Zahl auf rund 50 % (!) hoch. Auch bundesweit ist die Kleinkaliberwaffe das Haupttatwerkzeug. Das Kraftfahrzeug spielt eine immer größer werdende Rolle und wird praktisch bei jedem zweiten Fall von Wilderei benutzt. Die Altersgruppe der 21- bis 30jährigen Täter tritt am häufigsten wegen Wilderei in Erscheinung, Arbeiter und Berufslose stehen an erster Stelle.

Es muß auch die Frage interessieren, wann am meisten gewildert wird und zu welchen Zeiten.

Für das Gebiet der Bundesrepublik Deutschland konnte festgestellt werden, daß in den Monaten Mai und Juni bevorzugt gewildert wird, und zwar schwerpunktmäßig am Wochenende in der Zeit zwischen 15.00 und 21.00 Uhr. Diese Zeit ist besonders günstig für das Wildern von Rehwild, das noch bei gutem Licht austritt und abgeknallt werden kann. Da zu dieser Zeit auch die Jäger draußen im Revier weilen (die Bockjagd beginnt am 16. Mai), stehen sie so besser „unter Kontrolle" der Wilderer, Überraschungen können weitgehend ausgeschlossen werden. In Nordrhein-Westfalen und in Bayern steht der Montag an zweiter Stelle; weil dann die meisten Revierinhaber, die außerhalb des Reviers wohnen, wieder abgereist sind und ihrer Arbeit nachgehen. Nicht nur Männer, auch Frauen beteiligen sich an der Wilderei, wenn auch nur zu etwa zwei Prozent. In den Feldrevieren treten sie als Eiersammler in Erscheinung, können aber auch schießen. Wenn bei Hausdurchsuchungen die alte Großmutter „krank" das Bett hütet, liegt meistens neben ihr der gebratene Hase oder die Rehkeule! Ein guter Hund leistet auch hier gute Dienste.

Die Kriminalstatistik des Bundeskriminalamtes in Wiesbaden enthält folgende Angaben:

Jagdwilderei gemäß § 292 Strafgesetzbuch

Jahr	erfaßte Fälle	Tatverdächtige	aufgeklärte Fälle	Aufklärungsquote in %
1974	2 444	1 343	1 140	46,6
1982	1 880	918	917	48,8
1983	1 846	871	797	43,2
1984	1 819	891	775	42,6

Für das Bundesland Niedersachsen ergaben sich für das Jahr 1984 insgesamt 449 Fälle von Jagd- und Fischwilderei durch 437 männliche und 12 weibliche Täter. Davon entfielen auf Jagdwilderei 159 Fälle durch männliche und fünf durch weibliche Täter, die wiederum zu unterteilen sind in 28 Fälle der schweren Wilderei durch männliche Täter und einen Fall durch einen weiblichen Täter. Interessant ist auch hier wieder der Erfassungszeitraum:

Jan.	Feb.	März	April	Mai	Juni	Juli	Aug.	Sept.	Okt.	Nov.	Dez.
1	25	34	30	51	60	74	58	48	39	33	29

Auch hier zeigt es sich wieder, daß die Haupttatzeit in den Sommer fällt, und zwar in die Monate Mai bis September. Das hat seinen Grund auch in der langen Dämmerungszeit des sommerlichen Abends, der „Feierabend" wird mehr ausgenutzt.

Trotz der Tatsache, daß die Jagdwilderei eine kriminelle, strafbare Haltung ist, und trotz der Tatsache, daß niemand mehr in Deutschland unter menschenunwürdigen Verhältnissen leben muß, wird weiterhin gewildert. Auch hohe Strafandrohungen wirken in keiner Weise abschreckend, obwohl der Gesetzgeber im Strafgesetzbuch klar sagt:

§ 292 Jagdwilderei

(1) Wer unter Verletzung fremden Jagdrechts dem Wilde nachstellt, es fängt, erlegt oder sich zueignet oder eine Sache, die dem Jagdrecht unterliegt, sich zueignet, beschädigt oder zerstört, wird mit Freiheitsstrafe bis zu fünf Jahren oder mit Geldstrafe bestraft.

(2) In besonders schweren Fällen, insbesondere wenn die Tat zur Nachtzeit, in der Schonzeit, unter Anwendung von Schlingen oder in anderer nicht weidmännischer Weise

oder von mehreren mit Schußwaffen ausgerüsteten Tätern gemeinsam begangen wird, ist auf Freiheitsstrafe von drei Monaten bis zu fünf Jahren zu erkennen.

(3) Wer die Tat gewerbs- oder gewohnheitsmäßig begeht, wird mit Freiheitsstrafe von drei Monaten bis zu fünf Jahren, in besonders schweren Fällen mit Freiheitsstrafe von einem Jahr bis zu fünf Jahren bestraft.

Entscheidend bei der Bekämpfung der Jagdwilderei ist eine gute Zusammenarbeit zwischen Jägerschaft, Forstverwaltung und Polizei. Aber auch die Bevölkerung sollte Hinweise geben und auch bereit sein, notfalls vor Gericht auszusagen. Die innere Einstellung der Bevölkerung zum Delikt Wilderei und zum Straftäter Wilderer, der in den meisten Fällen ein übler Tierquäler ist, müßte sich ändern. Wenn dies auch nur zu einem kleinen Teil erreicht wird, hat dieses Buch seinen Zweck erfüllt.

Begriffe aus der Weidmannssprache

Anschuß   Stelle, an der sich das Wild befand, als es den Schuß erhielt.

Aufbrechen   Gescheide und Geräusch aus dem erlegten Schalenwild herausnehmen.

Ausschuß   Stelle, an der das Geschoß den Wildkörper verlassen hat.

Bruch   Abgebrochener grüner Zweig von Eiche, Erle, Kiefer, Fichte und Weißtanne, dessen Anordnung, allein oder zusammen mit anderen, der Verständigung der Jäger untereinander dient, aber auch von ihnen als Symbol und Schmuck verwandt wird.

Büchse   Gewehr mit gezogenem Lauf zum Verschießen von Kugeln.

Decke   Haut des Hundes und allen Schalenwildes, außer Schwarzwild.

Einschuß   Stelle, an der das Geschoß in den Wildkörper eingedrungen ist.

Fährte   Aufeinanderfolgende Abdrücke von Schalen (Füßen) bei allem Schalenwild.

Flinte   Gewehr mit glattem Lauf zum Verschießen von Schroten.

Frettchen   Domestizierter albinotischer (weißer) Iltis.

Frettieren   Mit Frettchen im Kaninchenbau jagen.

Haken	Auch Grandeln. Eckzähne z. B. bei Hirsch und weiblichem Rotwild (Rottier, Alttier).
Kahlwild	Weibliches Wild und Kälber beiderlei Geschlechts aller Hirscharten.
Läufe	Beine des Haarwildes und des Hundes, außer bei Bär, Dachs und Marder.
Rehkitz	Junges Reh im ersten Lebensjahr.
Schalenwild	Sammelbezeichnung für alles Wild, das Schalen hat.
Schloß	Knorpelige Verbindung der Beckenknochen des Schalenwildes.
Schnitthaar	Haar von Schalenwild, das beim Auftreffen des Geschosses auf den Wildkörper abgetrennt wird.
Schweiß	Blut von allem Wild und vom Hund, sobald es aus dem Körper tritt.
Wildpret, Wildbret	Fleisch des Wildes.
Windfang	Nase bei allem Schalenwild, außer Schwarzwild

Sonst siehe auch: **Gutt, Dietrich:** Die Waidmannssprache. Hannover, Landbuch-Verlag, 2. Auflage 1985.

Literatur
und Quellenangabe

Bilderbeck, C. L. Gruendliche Deduction gegen die vermeintliche Regalitaet derer Jagden und die daraus hergeleitete fehlsame Doctrinen und Folgen. Zelle (Celle) Deetzische Buchhandlung 1741.

Polizeiliche Kriminalstatistik. Hrsgb. Landeskriminalamt Niedersachsen, versch. Jahrgänge; Hrsgb. Landeskriminalamt Nordrhein-Westf., versch. Jahrgänge.

Reichsjagdgesetz vom 3. Juli 1934, Reichsgesetzblatt I S. 549.

Mitzschke, G. und K. Schäfer. Kommentar zum Reichsjagdgesetz, Paul Parey, Berlin 1935.

Wildverkehrsordnung vom 21. März 1936, Reichsgesetzblatt I S. 259, Neudamm 1936.

Periodika: Neue Deister-Zeitung, Springe 1971. Der Waidmann, Leipzig 1880 und Blasewitz-Dresden 1889.

Deutsche Jagd-Zeitung, Lüben, Schlesien, versch. Jahrgänge.

Allgemeiner Deutscher Jagdschutz-Verein, Mittl. und Rundschreiben.

Preußischer Landesjagdverband, Berlin, Mittl. und Rundschreiben.

Reichsbund „Deutsche Jägerschaft", Berlin, Mittl. und Rundschreiben.

Deutscher Jagdverband – britische Zone – Hamburg, Mittl. und Rundschreiben.

Deutscher Jagdschutz-Verband e. V., Bonn, Mittl. und Rundschreiben.

Niedersächsischer Jägerbund, Hannover, Mittl. und Rundschreiben.

Landesjagdverband Niedersachsen e. V., Hannover, Rundschreiben.

Landesjägerschaft Niedersachsen e. V., Hannover, Rundschreiben und Archiv.

Archiv Verfasser und Günther Liebig, Braunschweig.